CCTV 12 法律讲堂

畅所欲言

刘畅律师 解析婚姻情感罪案 20例

刘畅 ◎ 著

中国出版集团 中国民主法制出版社 | 全国百佳图书出版单位

2021 · 北京

图书在版编目（CIP）数据

畅所欲言：刘畅律师解析婚姻情感罪案 20 例 / 刘畅著．—北京：中国民主法制出版社，2020.10

ISBN 978-7-5162-2286-7

Ⅰ．①畅… Ⅱ．①刘… Ⅲ．①婚姻家庭纠纷—案例—中国 Ⅳ．①D923.905

中国版本图书馆 CIP 数据核字（2020）第 189468 号

图书出品人：刘海涛
出 版 统 筹：石　松
责 任 编 辑：董　理

书　　名／畅所欲言——刘畅律师解析婚姻情感罪案 20 例
作　　者／刘　畅　著

出版·发行／中国民主法制出版社
地址／北京市丰台区右安门外玉林里 7 号（100069）
电话／（010）63055259（总编室）　63058068　63057714（营销中心）
传真／（010）63055259
http: //www.npcpub.com
E-mail: mzfz@npcpub.com
经销／新华书店
开本／16 开　710 毫米 ×1000 毫米
印张／14.25　**字数**／188 千字
版本／2021 年 1 月第 1 版　　2021 年 1 月第 1 次印刷
印刷／北京天宇万达印刷有限公司

书号／ISBN 978-7-5162-2286-7
定价／29.00 元

序：转变的是职业，不变的是初心

2006年以前，刘畅是一名伸张正义的记者，2006年以后，他投身法律事业，手持法律长剑，坚守公平正义。至今日，刘畅成为一名优秀青年律师，先后获得全国优秀律师、湖北省劳动模范、湖北省法律援助工作先进个人、湖北省司法厅模范功臣二等功、十堰市劳动模范、十堰市五一劳动奖章、十堰市首届优秀公益律师等荣誉称号。跨界从业，从来都不是一件容易的事情，获得如此之多的荣誉，其背后需要付出比他人更多的艰辛和努力。

文坛巨匠巴金先生曾言："我思索，我追求，我终于明白生命的意义在于奉献而不在于享受。"在这位优秀青年律师的身上，我看到了"奉献"。他目光中洋溢的自信、言语中饱含的温情、行动中凸显的对维护公平正义的坚定，让我印象深刻；他常常热心于公益事业和法律援助，让我为之动容。因此，当他请我作序时，我欣然应承。

我时常在全国各省、市的多家媒体报道上看到关于他的文章，时常在律师界朋友中听闻他的事迹，他"有料"的经历，值得我们传扬、学习和借鉴。

鸣不平之事，扬真善美之美。刘畅中文系毕业后进入新闻行业，开始了10年的记者生涯，用犀利的文笔，为弱势群体仗义执言，伸张正义。他参与主创的《行风热线》栏目连续3年荣获湖北省十佳广播电视节目，以至经常有老百姓直接点名找他反映情况。也正是在做节目过程中，让他体会到法律的力量，对法律产生兴趣，于是，怀揣憧憬、勤奋学习，加入了律师队伍。从记者到律师，他的初心从未改变。

让老百姓在每一个案件中真正感受到法律的公平正义。执业以来，刘畅热心法律援助工作，累计服务弱势群体500余次，为当事人争取赡养、工伤、社保等权益600多万元。他不忘"铁肩担道义，妙笔著文章"的初心，怀揣着法治情怀，践行公益事业和开展法律援助：面对拒绝履行赡养义务的儿女，他拍案而起，为七旬老人催讨医疗费和生活费；他担任工会兼职副主席，寒冬腊月，远赴山西为农民工追索工伤赔偿；他经常深入企业、园区和工地现场，义务为农民工讲授维权法律知识，制作发放《农民工依法维权宣传明白卡》近万份，一时间，成为农民工兄弟心中的“普法人气王”。这些贴近老百姓的法律事务，个个是“苦差”，但是他干劲十足，让人心生敬佩。

专长与职业结合，成绩斐然。10年的记者生涯使刘畅积累了深厚的电视广播经验。2013年，刘畅通过司法部、中央广播电视总台严格选拔，成为湖北省唯一走进中央广播电视总台“社会与法”频道《法律讲堂》的执业律师，先后录制、播出60多期节目。刘畅良好的形象、流利的普通话、精湛的专业技能和刻苦严谨的工作作风，赢得了栏目组的肯定，深受观众喜爱，也因此，荣获栏目颁发的“优秀主讲人”称号。中央广播电视总台连续3年向十堰市司法局发送感谢信，表彰他为普法宣传和法治建设所做的贡献，本书就是收录了刘畅在《法律讲堂》7年的精选案例。

新年伊始，新书出版。硕果呈现，是对刘畅律师坚持法律公益15年成绩的肯定，是对他未来继续向前奋进的鼓励。如今，刘畅律师创办了以商事诉讼、法律顾问为主要业务的“湖北郧和律师事务所”，施展才华与专业能力的平台更加强大，我在为他高兴的同时，衷心祝愿他在这个伟大的时代，在律师行业展现更大的作为。也希望涌现出更多像刘畅这样的优秀青年律师，加入社会公益和法律援助事业中来，为社会主义法治建设充盈力量，无私奉献！

全国律师协会副会长 湖北律师协会会长　岳琴舫

目录

CONTENTS

我要嫁个有钱人

关键词 醉酒犯罪

案例故事>>>

随着电视相亲节目的热播，许多单身男女通过电视交友来展示自己、寻找中意的伴侣。今天案例的主人公杨露，2013年9月，就参加了一档婚恋交友节目。舞台上的她，一身白裙，纯真甜美，深深地吸引了全场男嘉宾的目光，再加上一番大胆、率真的爱情宣言，最终和一位事业有成的总经理成功牵手。

相亲成功的巨大喜悦让杨露沉醉。然而，就在亲友们纷纷祝贺她找到如意郎君的时候，这位刚刚牵手成功的总经理，突然给杨露发送了一条消息："我要去外地发展。"之后，就失去了音信。他电话不接、短信不回，甚至将杨露拉入了黑名单。

杨露通过电视节目与男嘉宾成功牵手的事，在当地引起了不小的轰动，一时间成为社会上小有名气的人物。如今，却被男嘉宾"放鸽子"，消息迅速传开，杨露陷入了极度的羞辱和痛苦。

杨露自小随姑妈杨红芳长大，看到杨露一夜之间从云端掉了下来，痛苦得不能自拔，杨红芳别提多心疼了。于是，姑妈通过节目组辗转找到那位男嘉宾，指责他不该玩弄、伤害杨露的感情。

面对姑妈的责备，男嘉宾说，在舞台上，我确实对杨露一见钟情，但私下相处，了解到杨露的性格，我觉得，她并不是我的理想伴侣。

杨露为什么会到电视台相亲？在她娇美的外表下，杨露又有着什么样的个性呢？这些都要先从一次同学聚会说起。

有一年五一假期，在高中同学会上，杨露见到从南方回来发展的一位女同学，女同学一身名牌，浑身珠光宝气。杨露很奇怪，这位女同学上学时毫不起眼，高中都没毕业，怎么一下子就变成了金凤凰呢？

女同学告诉杨露，自己嫁了个有钱的老公，在南方住着豪华别墅，开着宝马轿车。同学们纷纷奉承女同学，说她真是人生大赢家。

杨露心里很不平衡，因为她的男朋友李军，只是一个普通公务员。她觉得，自己无论是相貌身材，还是学识素质，都远远超过这个女同学，凭什么女同学能当阔太太，自己就只能嫁一个普通公务员呢？

此后，杨露经常在男朋友李军面前唠叨，“你整天守着那几个死工资，啥时候才能跟人家一样，住豪宅买名车呀？要不，你也辞职下海，说不定也能挣大钱呢。”

在女友的怂恿下，李军头脑一热，办理了停薪留职，和朋友开了一家贸易公司。可是，因为代理的产品不适销对路，半年下来，贸易公司亏得一塌糊涂。李军只好关掉公司，重新回到单位。

生意失败的李军责怪杨露，不该让自己辞职下海。可杨露反驳说，“人家开公司都挣钱，你却赔钱，说明你还是能力不行！”几番争吵之后，杨露觉得李军并不是她要找的中意对象，于是提出了分手。

恢复单身的杨露，身边并不缺乏追求者，可她一心只想嫁给有钱人，对于那些非富非贵的追求者，她一个都没看上。挑三拣四下来，杨露眼看就要成了“大龄剩女”。

怎样才能嫁个有钱人呢？杨露寻思着。得知杨露的想法，那个女同学便给她出主意，“现在好多成功的男人，都喜欢到相亲节目里找对象，你这么漂亮，肯定能牵手成功。”这话说得杨露心里一亮，对啊，去参加电视交友节目，就算不能牵手一个有钱人，在电视上露露脸，也能引起有钱人注意呀。

想到就做，杨露在女同学陪伴下，向一档相亲节目报名成为节目女嘉宾。果然心想事成，最终如愿牵手了心仪的男嘉宾，亲友、同学纷纷表示祝贺，杨露陶醉在成功的喜悦和光环中。然而，就在她眼巴巴盼望钓得金龟婿的时候，男嘉宾却不辞而别。他到底是在玩弄感情，还是另有隐情呢？姑妈杨红芳气不过，为了搞清楚事情的真相，主动去找那位男嘉宾讨要说法。

可是，为什么是姑妈为杨露出头抱打不平呢？杨露的爸爸妈妈又去哪儿了呢？这要从30年前的一场意外说起。

那是1983年的春天，姑妈杨红芳带着儿子，约着哥哥也就是杨露的爸爸，带着小杨露，四个人到郊外水库边踏青。杨红芳的儿子不慎跌入水中，杨露的爸爸连忙跳水去救，结果孩子得救了，杨露的爸爸却再也没能活着上来。噩耗传来，杨露的妈妈本来就体弱多病，经受不住变故的打击，半年后也撒手而去。临终前，妈妈拉着小杨露，对杨红芳说："妹妹，这个苦命的孩子，今后就交给你了。"

妈妈过世后，杨露成了孤儿。姑妈把她接到家里悉心照料，对于侄女的要求，她是要星星给星星，要月亮给月亮，逐渐养成了杨露爱慕虚荣和任性的性格。有好心人善意提醒，可她根本听不进去。因为，杨红芳觉得，自己儿子的命，是哥嫂换来的，我这做姑妈的，要对得起自己死去的哥嫂。

杨露职高毕业后，应聘进入一家企业做了办公室文员，后经人介绍，和李军谈起了朋友。李军虽然只是一个普通公务员，但对杨露照顾得很周到，杨红芳觉得，如果杨露嫁给李军，虽然不能大富大贵，但能够居家安稳过日子。

然而，杨露对李军并不满意，提出了分手。几经周折，杨露通过电视交友牵手成功，男嘉宾却玩起了失踪。看到杨露痛不欲生，姑妈杨红芳决定，要为杨露讨个说法。

面对杨红芳的责备，男嘉宾坦诚相告，在了解到杨露拜金的性格和交友的动机后，觉得双方并不合适，希望她能够理解。

话已说到这个份上，杨红芳虽然不服气，但也只能作罢。可是，如何才能让杨露走出低谷，脱离痛苦呢？要是现在有人来填补杨露的感情空白，也许她就能尽快走出失恋的阴影，但到哪儿去找合适的人呢？

这时，姑妈想到了杨露的前男友李军。她找到李军，说杨露是个孤儿，身世可怜，希望李军能不计前嫌，安慰受到伤害的杨露，并表示如果两人结婚，自己将拿出十万元钱给杨露做嫁妆。

经过姑妈的劝说撮合，再加上李军对杨露还有感情，他回到了杨露身边，温情滋润了杨露饱受伤害的心灵。在姑妈的催促下，两人领取了结婚证，并将婚礼定在半年后的元旦。

杨露的终身大事有了着落，这让姑妈如释重负。然而，就在婚礼前一个月，一个让她震惊的消息传来，侄女杨露突然宣布，她不结婚了。这究竟又是怎么回事呢？

原来，杨露看到以前一起上节目的小姐妹，有的成了阔太太，有的当了明星代言接广告。杨露越来越感到自己婚姻的缺憾，丈夫李军仅仅是一个普通公务员，婚房也是按揭的。她无法忍受自己婚姻的平凡，与李军再次发生了争吵，一气之下，杨露宣布，这个婚，她不结了。

这下可急坏了姑妈杨红芳，喜帖都发出去了，现在又说不结了，这怎么向亲朋好友交代呢？就在她急得团团转的时候，事情发生了转机。杨露发现，自己怀孕了。姑妈苦口婆心地规劝："李军对你不错，现在也有了孩子，你这老大不小的年纪，悔婚后，到哪儿去找合适的人家呢。"杨露想想也是，只得如期和李军举行了婚礼。

虚惊一场后，姑妈心里的石头终于落了地。她想，杨露这婚也结了，孩子也怀上了，总该能踏踏实实地过日子了吧。然而，让她没有想到的是，怀孕以后的杨露，状态变得越来越糟糕。

因为有了身孕，杨露脸上出现了孕妇斑，看着从前自己靓丽的照片，对比现在的形象，她的心里充满了挫败感。另外，杨露听说其他上节目的小姐妹，现在过得很风光，心里就更加郁闷，一时间情绪低落，喜怒无常。

丈夫劝她心态平和些，不要总是和其他人比来比去，知足者常乐。可杨露根本就听不进这些劝告，一不高兴就和丈夫大吵一架，夫妻由争吵进而发展成冷战。

姑妈看在眼里，急在心里。她劝慰李军："看在还没出生的孩子分上，你就多担待些吧，等她生了孩子，做了母亲，自然就会好的。"可是，意外再次发生，没过多久，杨露告诉姑妈，孩子被打掉了，她要和李军离婚。什么，孩子打掉了，竟然还要离婚，两人之间究竟发生了什么？

原来，丈夫李军无意中发现了杨露和一个男人的网络聊天记录，对方叫护花使者，自称是杨露的一个粉丝，因为杨露和别人牵手成功，所以只好作罢，但一直关注联系。杨露在网络上故意隐瞒了自己结婚怀孕的事实，与护花使者搞起了网恋。

看到妻子不堪入目的聊天记录，李军极度愤怒。在证据面前，杨露无法抵赖，她索性大大方方地承认了网恋的事实并说："我只是聊天而已，又没有做什么出格的事情，犯不着这么大惊小怪。"

"肚子里怀着孩子，还和别的男人搞暧昧，你真是太过分了。"丈夫无法忍受妻子无所谓的态度，他狠狠扇了杨露一记响亮的耳光。

从小没受过委屈的杨露被惹怒了。于是，她一不做二不休，三天后跑到医院打掉了孩子，并正式向丈夫提出离婚。

妻子未经自己同意打掉了孩子，竟然还提出离婚？李军彻底失望了，双方迅速办理了离婚手续。

恢复单身的杨露搬回了姑妈家借住。看到杨露如此任性，姑妈很伤心，她平生第一次责骂了杨露。一向习惯姑妈迁就的杨露是号啕大哭："都怪你，我爸爸是因为你们家才丢的性命，爸爸不死，妈妈就还在，我就不是孤儿，到今天你也嫌弃我，好，我走！"

杨露说到做到，在银河小区租下一间房子独自居住。姑妈多次上门，杨露死活不肯回去跟姑妈住。

就这样，双方僵持了半年。杨露的指责让姑妈十分伤心，但转念一想杨露说的不是没有道理："她的不幸都是因我而起，现在的杨露，孤苦伶仃一个人，就算她做得再不对，就算全世界都抛弃了她，我也不能丢下她不管。不行，我还得去把她找回来。”

可是，杨露能够听话跟她回家吗？等待姑妈杨红芳的，又将是一场什么意想不到的劫难呢？

这天夜里，杨红芳来到杨露租住的银河小区3栋201号。一进屋，杨红芳发现，桌上倒着个空酒瓶，杨露满脸通红，一身酒气。杨红芳说：“杨露，是姑妈不好，跟我回去吧。”

杨露说：“回去，可以呀，但得有个条件。”一听杨露愿意回去，姑妈心中欢喜：“什么条件？你说！”杨露说：“姑妈，你能不能借我10万块钱。”什么，10万块钱？姑妈吓了一跳，她告诉杨露，“当初要李军回心转意，我已经拿出了全部积蓄，现在别说是10万元，就是1万元，也是拿不出来的。再说，你要这么多钱干什么呢？”

失望的杨露眼中闪现出一丝慌乱，她没有理会，倒头睡在了床上。姑妈以为杨露喝醉了，开始收拾凌乱的房间。过了一会儿，正当她在厨房忙碌的时候，突然，杨露悄悄起身，拿出一根绳子，从背后狠狠地勒住姑妈的脖子，大声说：“我不想活了，你陪我一起去死吧！”姑妈拼命挣扎道：“你疯啦，我是你姑妈呀，救命啊！”

黑夜里，杨红芳的呼救声惊动了楼上楼下，闻声而来的邻居合力破门而入，制伏了疯狂的杨露，救下已经昏迷的杨红芳，有人报了警。

杨露被警察带回了派出所。面对为什么要杀死姑妈的质疑，杨露如实向警方作了陈述，荒唐的想法让人瞠目结舌：杨露对婚姻和生活都绝望了，她想带着疼爱她的姑妈，一起到另外一个世界去。

原来，离婚后的杨露，和网友护花使者继续保持联络，脱离了婚姻的束缚，更没有了肚子里孩子的顾忌，两人的网恋急速升温，对方无意间透露了自己富二代的身份，让杨露心动不已。

一个月后，护花使者提出见面的要求，两人在酒店开了房间，对方一表人才的形象和翩翩的风度，把杨露迷得神魂颠倒。离别时，护花使者拿出一个首饰盒说："自从在电视里见到你，就仰慕已久，此次见面，为你量身定制了这枚价值 50 万元的戒指，作为定情信物，现在送给你。"盒子里还附带着珠宝鉴定证书。杨露心花怒放，她暗自庆幸，幸亏自己打掉了孩子，抛弃了婚姻，才有机会结识眼前的富二代。

又过了十天，护花使者提出，希望接杨露到自己家里跟家人见面，正式确定关系，而按照当地习俗，在第一次见面时，自己的母亲会给杨露见面钱，因为家族资产雄厚，如果杨露被母亲相中，这笔见面钱最少不会低于 10 万元。

见个面就能得到 10 万元啊！这家人真是大方！杨露为这个消息而惊喜，憧憬着见面的时刻。护花使者又说，近期工作忙，会派自己的秘书前来迎接。三天后，杨露见到护花使者的"秘书"，秘书说，家里为防止杨露拿了见面钱就分手，需要先交纳 10 万元"不分手保证费"。杨露一愣，转念想想，人家 50 万元的钻戒都给了，10 万元又算个啥，舍不得兔子打不到狼，不能因为 10 万元，就被他家里人看扁了，错过嫁入豪门的机会。

杨露迅速把姑妈给自己的那 10 万元陪嫁，打入了秘书指定的账户，秘书借口先行离去。杨露左等右等，也没看见秘书的身影，再联系护花使者，手机已经关机。

难道他是个骗子，不会呀，如果是骗子，他怎么会送我价值不菲的钻戒呢？难道说，这枚戒指有问题？可里面附带有鉴定证书呀。想到这儿，杨露出了一身冷汗。事不宜迟，她拿着钻戒赶到了一家珠宝店。

"你这是仿冒货，只值 2000 元。"工作人员的鉴定结果给了杨露当头一棒。她再次拨打护花使者和秘书的电话，依然关机。杨露这才想起，自己连他们的真实姓名都不知道，不用说，这两个人肯定是联合行骗，自己上当了。

她赶紧打开电脑，给护花使者网络留言，让他赶紧归还自己的 10 万元钱，否则将向警方报案。第二天一早，护花使者发来了电子邮件，打开一看，杨露眼前一黑，里面赫然是自己的不雅照片，肯定是那天，自己和护花使者开房时，被对方偷拍的。护花使者警告她："如果你不想让这些照片在网上传播，劝你还是不要报案的好。”

天啊，这真是赔了夫人又折兵，为了嫁给有钱人，打掉孩子，离了婚不说，还白白被骗走了10万元。现在裸照又在骗子手里，即使报了警，骗子被警方抓获，这些照片也会在一夜之间，在网络上漫天传播，到那个时候，自己哪有脸面见人啊。想到这儿，杨露打消了报警的念头，破财免灾，就当是一场噩梦，算是一次人生教训吧。

然而，事情没有她想象的这么简单。护花使者发现一切平静，开始用裸照对杨露索要钱财。1000元、2000元、5000元，很快，杨露的钱花光了，她四处借钱，而对方胃口越来越大。杨露陷入了崩溃，乞求护花使者能够放过她，对方提出，10万元一次性了结此事，把全部的裸照还给杨露。“三天，只给你三天时间，否则后果自负。”

三天的时间很快到了，杨露没能筹集到骗子要求的10万元钱。这天夜里，在出租屋里，她独自打开一瓶白酒，在酒精的麻醉下，杨露万念俱灰。她回顾了自己的一生，作为孤儿，从小随姑妈长大，曾一度成为电视银屏上的女神，风光无限。可现在呢，30多岁，青春已然不在，和前夫离婚又打掉了孩子，一心想要嫁给有钱人，结果反而被人骗色骗财。现在裸照又在骗子手上，10万元肯定是筹不到了，明天一早，自己的裸照就会在网络上漫天传播。因为电视相亲的事情，自己好歹是个名人，裸照曝光出去，后果不堪设想。与其这样痛苦屈辱地活着，不如一死百了。

就在她打定主意的时候，姑妈意外地到来。她抱着最后一丝希望，向姑妈提出了借10万元的要求。当得到否定的回答时，她彻底绝望了，求死的决心也就更加坚定。

躺在床上的杨露突然想到，自己是孤儿，就这样死了，恐怕到另一个世界也是孤魂野鬼，姑妈是自己唯一的亲人，不如让她到那个世界去陪自己。酒精的麻醉和绝望的痛苦，让杨露产生了杀死姑妈，然后自杀的冲动。

警方以涉嫌故意杀人罪，将杨露移送到检察机关。姑妈杨红芳找到检察官，表示杨露走到今天，跟自己的溺爱有很大关系，希望司法机关能够从轻处罚。

面对姑妈的谅解，杨露流下悔恨的泪水："我错了，我对不起养育我长大成人的姑妈，我接受法律的惩罚。可是，我只是酒醉后一时糊涂啊。"那么，法律如何认定杨露的行为呢？

《中华人民共和国刑法》第18条第4款规定："醉酒的人犯罪，应当负刑事责任。"这里所说的"醉酒"，是指生理醉酒，就是说饮酒过量，导致酒精中毒出现精神失常的情况。

在醉酒状态下，喝酒的人可能减弱判断力以及控制自己行为的能力，但是，并不会丧失辨认和控制自己行为的能力。而且，醉酒的人对自己行为控制能力的减弱是人为的，也就是说，醉酒是应当预见并可以得到控制的。所以，醉酒的人不属于无责任能力的人。因此，法律上明确规定，醉酒犯罪应当承担完全刑事责任。这样的法律规定，对于预防犯罪、控制酗酒，是有积极意义的。

检察机关认为，杨露因个人感情和钱财被骗，饮酒过量导致醉酒，产生轻生的念头，在姑妈杨红芳到来后，萌发了杀死姑妈，然后自杀的意图，被邻居发现后制止，杨露的行为构成故意杀人罪未遂。鉴于犯罪意图产生在醉酒之后，行为没有造成严重后果，情节轻微，加上被害人杨红芳予以谅解，检察机关最终作出了不起诉决定。

警方对护花使者的调查也有了结果，原来，他根本不是什么富二代，而是一个长期混迹于网络的无业青年。警方发现，在他的手机中，除了杨露，还同时交往了四五个"女朋友"。他通过伪造"高富帅"的形象，引诱女网友上钩，拍下对方裸照，再以此索要钱财。最终，护花使者因敲诈勒索罪锒铛入狱。

律师评点>>>

鸟飞于上，其欲在下，故死于网；鱼潜在下，其欲在上，故死于钓。

人无欲则不立，适度的欲望可以激发潜能，追求更好更高的目标。但当欲望过度，甚至铤而走险的时候，面临的便是无尽深渊。这是案例中的主人公杨露给我们带来的警醒。

任何时候，金钱和财富，都不能成为婚姻的目标和归宿。无论生活多么不如意，都不必绝望和轻生，更不能伤害无辜。爱和亲情，才是人世间最值得珍惜和呵护的东西。

案例的法律点是“醉酒犯罪”。酒文化在我国传统文化中占有重要的地位，酒后犯罪案件的增多已成为一个不容忽视的社会问题，它不仅严重扰乱了社会秩序，也给公民的人身和财产安全带来严重危害。

醉酒状态犯罪作为一种特殊状态下所实施的犯罪行为，醉酒行为人是否应当承担刑事责任及如何合理定罪量刑也为刑法所重视。

社会普遍的观念认为，醉酒人应当为自己的醉酒状态所实施的犯罪行为负责。我国刑法也在第 18 条第 4 款规定了“醉酒的人犯罪，应当负刑事责任”。

为有效防止酒后犯罪的发生，应充分认识酗酒的危害性，不要因为一时贪杯，走上犯罪的道路。

合租引来“狼”

关键词 抢劫与绑架的区分

案例故事>>>

2013年10月的一天，某市东方社区的出租屋里，一个男人拉着一个六七岁的小姑娘，扑通跪倒在一个年轻女孩的面前。男人拿出一沓人民币，苦苦哀求：“你千万不要报警，我坐牢也就算了，可怜我这女儿，就成了孤儿啊！”

这个男人做了什么？年轻女孩为什么要报警？本案要从这个名叫海露的年轻女孩租房子说起。

2012年，海露大学毕业，和男友一道来到南方某省会城市。海露应聘在一家培训学校当老师，男友在邻近城市的证券机构上班。海露在学校附近租下了一套两居室，因为平时工作都很忙，只有周末，男友才能赶回省城跟海露见面。

虽然聚少离多，但这并不影响两人的感情。一年后，他们准备谈婚论嫁，买房成了头等大事。眼看着上涨的房价和有限的薪水，海露心里无比焦虑。她和男友商量：“你回来少，不如我再找个合租伙伴，可以分担些房租，也好有个照应。”男友觉得这主意不错。第二天，海露就在网上发布了找人合租的信息，很快就有人找上了门。

来合租的是一个年轻女孩，名叫姜苗苗，刚刚来到省城打工。两人很快达成协议，各住一间，房租平分。姜苗苗搬来以后，对海露像姐姐一样，生活上相互关照，经济上相互分担。找到姜苗苗这样一个理想的合租伙伴，海露觉得很满意。可是，没多久，情况就发生了变化，海露觉得有些不安。

原来，姜苗苗谈了个男朋友，叫李自强，两人如胶似漆，打得火热。没过多久，李自强就开始在姜苗苗房间留宿，三个月没到，干脆就搬来住到了一起。

海露有些不高兴，原先说好的是一人来合租，现在却搬来了陌生人，还是个男人，这算什么事儿啊。

姜苗苗似乎看出海露的不悦，说："姐，实话跟你说吧，自强有一个小女儿，我父母坚决反对我跟他在一起，可我和自强是真爱，请姐姐体谅我俩。不行这样，房租分成三份，我和自强出两份，你出一份，你看行不？"

听到这儿，海露在心里盘算，这样合租，自己只用出三分之一的房租钱，一个月可以省下1000元呢，这对于正在攒钱买房的她，还是有诱惑力的。想到这儿，她点点头，答应了姜苗苗的提议。

就这样，合租恢复了平静。海露和男友努力工作，省吃俭用，经过一年的辛苦打拼，再加上双方父母的支持，春节过后，两人手上已经有了20万元存款。海露看好了大学城附近的一处小户型，五一期间开盘，年底就可以交房。她盘算着，明年春天就可以搬离出租屋，和男友住新房、办喜事。

可是，让海露做梦都没想到的事情发生了，还没等到房屋开盘，一场变故突然袭来，她的新房梦、结婚梦被彻底打破。这又是怎么回事呢？

这天是周五，海露提前下班，准备了几个可口的小菜，等待男友回来共度周末。可是一直等到晚上8点，男友依然没有回来，手机也一直处于无人接听状态。夜深了，海露隐隐感觉有些不安。

就在她迷迷糊糊睡着的时候，手机突然响起，是男友发来的短信："海露，对不起，两个月前我瞒着你，把积蓄都买了股票，本想大赚一笔，给你一个惊喜，没想到，亏得一塌糊涂。我又借钱填补窟窿，结果越亏越大，现在根本无力偿还。我不想让你跟我一起受苦还债，我走了，忘了我吧！"

什么？20万元炒股亏掉了？男友负债不辞而别？海露感觉是晴天霹雳，

她连忙拨打男友电话，但手机已经关机。第二天，她赶到男友的单位，却被告知男友已经辞职。

就在此时，海露接到家里打来的电话，母亲被检查出患了肝癌，需要动手术，费用还差好几万元。天啊，怎么会这样？自己刚刚人财两空，家里就出现变故急需用钱，真的是福无双至，祸不单行啊。海露只得振作精神，一边教学，一边利用晚上业余时间做兼职。可是哪承想，屋漏偏逢连夜雨，就在海露为生活疲于奔命时，房屋合租的事儿，又出现了状况。

这天，海露忙到很晚才回家，身体有些不舒服便躺在床上。姜苗苗哭丧着脸，过来跟她道别："海露姐，我要搬走了！"海露心里一惊，男友刚跑路，室友也要搬走，她赶紧坐起来问是怎么回事。姜苗苗说："家里坚决反对我和李自强在一起，我也觉得跟他不合适。家里给我找好了工作，明天我就回老家去。"海露觉得很突然，也不好挽留，就说了些祝福的话。第二天一大早，姜苗苗就收拾行装离开了。

海露早上醒来，躺在床上头昏眼花犯恶心。这段时间白天上班晚上兼职，吃饭没有正点，胃痛的老毛病又犯了，加上晚上休息不好，这胃里是翻江倒海，一阵呕吐后，瘫在床上无力动弹。想到爱情的幻灭，母亲的疾病，海露不觉失声痛哭起来。正在这时，房门被推开了，海露吓了一跳，一个男人站在门口，不是别人，正是姜苗苗的男友李自强。

原来，李自强过来收拾东西，听见有人在房间里哭，他以为发生了什么事情，赶紧推开门，看到脸色苍白的海露和脏污的地板，他连忙给海露倒来热水，把屋子收拾干净，还给海露买来早餐。海露过意不去，只是自己虚弱至极，只能对李自强表示歉意和感谢。

中午时分，李自强又下厨炒了几个可口的小菜，端到海露床前。两个人于是边吃边聊，海露这才了解到李自强的经历。

李自强来自农村，高中毕业后出来做家装行业，赚得了第一桶金。五年前，他与未婚女友生下一个女儿。不料，前年一个工程出了问题，合作伙伴把工程款全部卷走。他卖掉车子房子，才支付了欠付的工人工资和材料款。

女友见他破产，就扔下年幼的孩子，投入别的男人的怀抱。

他只好把女儿交给老母亲照顾，自己来到省城做些事情，想步入正轨后，再将女儿接过来。认识姜苗苗后，两人情投意合，他也希望能跟姜苗苗好好过日子，但是，姜苗苗父母知道他还有一个孩子时，就坚决反对女儿跟自己交往，还逼姜苗苗回了老家。事情到了这个份上，他虽然难过，但也无计可施。他说，还是希望姜苗苗能过上幸福生活。

两次被人抛弃，还如此有情有义，海露觉得李自强真是一个心胸开阔的好人。于是，她把自己男友的事情告诉了李自强。

两人是越聊越近，越聊越亲。谈到最后，李自强说道，依我看，你目前经济上也不宽裕，姜苗苗走了，我一时半会儿也找不到合适的住处，你看，能不能暂时维持现状，相互也好有个照应，房租费用不变，我出三分之二。此时的海露，觉得和李自强同是天涯沦落人，于是点头同意。

此后，海露遇到困难，李自强总会热情帮助。海露觉得李自强为人和气仗义，渐渐对其推心置腹，视如兄长。两个月后，李自强征求海露同意后，把女儿接了过来共同居住。就这样，两个不是情侣的合租伙伴，共同生活，相互取暖。

然而，这种和谐氛围并没有维持多久，不久后发生的一件事，改变了海露对李自强的看法，两人之间的友情就此烟消云散。这又是怎么回事呢?

原来，海露母亲手术后，住院费用居高不下，海露倍感压力，心情一直不好。这天，海露和同事在外喝了几杯闷酒，一回家就醉倒在床上。晚归的李自强也是喝酒回来，发现海露的房门没有关，推开门，他看到衣衫不整的海露，在酒精催化下，李自强对海露进行了不轨之事。

夜半时分，海露酒醒了，看着躺在身边的李自强，她意识到了昨晚发生的一切，又惊又悔。其实她并不爱李自强，只是在自己的人生低谷期，需要伙伴的一点点温暖。然而，李自强却趁自己酒醉，行如此不耻之事，是她极不情愿的。羞耻和愤怒之下，她想到报警。

李自强吓坏了，赶紧向海露道歉认错，请求原谅自己醉酒后的冲动，可是，海露根本不为所动，坚持要到派出所告他强奸。看到海露不依不饶，李自强连忙将熟睡的女儿叫醒，拉着女儿一起跪在海露面前，并拿出1万元作为补偿，恳请海露不要报警。这就出现了案例开头的那一幕。

看到年幼的女孩搂着父亲，吓得哭成一团，海露心软了。她想，这事如果传扬出去，对自己名声也不好。更何况，孤男寡女同处一室，说强奸这事儿未必有人会信。算了，暂且饶过他，再说，母亲也急需治疗费。想到这儿，她选择了隐忍，严厉警告李自强。李自强对天发誓，绝对不会再有任何冒犯。

之后，海露将这1万元钱寄给母亲，也不再搭理李自强。两人虽在同一屋檐下，却是井水不犯河水。可是，李自强能够遵守自己的诺言，彼此相安无事吗？在平静的表象下，一场大的变故正在酝酿。

半年后，海露经人介绍，认识了在银行工作的郑亮，双方情投意合，很快确定了恋爱关系。

随着双方交往的加深，海露非常担心，害怕男友知道自己被李自强性侵的事情。于是，她让男友重新找一处房源，搬离合租房。郑亮询问原因，海露说，我和李自强男女合租不方便，也怕你会有想法。

郑亮说，我在三环路上按揭买了一套房子，国庆节左右交房，不如就在这里挤个半年，等拿到新房钥匙，赶紧装修完就搬走。至于合租的李自强，郑亮觉得人还不错，何况还带着一个小女儿，他表示，自己不会有什么想法。听到男友这样讲，海露只得暂时作罢。

可是，没过多久，海露又向男友提出要搬家。郑亮觉得蹊跷，问海露是不是有事瞒着他，海露马上矢口否认。在郑亮一再追问下，海露红着眼圈，把自己和前男友的伤心往事告诉了他。海露解释说，男友跑路后，自己就变得患得患失，随着和郑亮感情的加深，她的这种担心变得愈发强烈，很怕一觉醒来，美梦再次破碎。

海露说："我只是想换个环境，告别过去，和你好好过日子。"见女友如此深情，郑亮感动地说："放心吧，我绝对不会离开你的。"郑亮还专门请了假，陪海露到海南度假散心。旅游回来后，海露精神好了很多，也没有再提搬家的事儿。郑亮悬着的心这才放下来，专心筹备婚事。

国庆节过后，郑亮收了新房，开始着手装修，婚礼定在新年元旦，郑亮是忙碌而幸福的，他在期待着迎娶美丽新娘的那一天。然而，意想不到的事情发生了，新房装修接近尾声时，海露却突然不见了，究竟发生了什么事情？

这天下午，郑亮接到海露的电话，要他第二天下班后去接她，有要紧事要跟他商量。可到了第二天，海露的电话却莫名关机了。

郑亮打电话到学校，同事说，海露没来上班。郑亮以为，海露近期筹备婚礼，人很辛苦，是不是在家休息。随后，他来到出租屋，意外的是，房间里也没有人。

海露去了哪儿呢？她说有要紧事跟自己商量，会是什么要紧事呢？究竟是不辞而别，还是另有隐情？郑亮的心里，生起一丝不祥的预感。

就在他心急如焚的时候，一个陌生电话打了过来，一个男子恶狠狠地说："海露在我手里，如果不想她有事，速速准备30万元。"说完就挂断了电话。

天啊，海露被绑架了！是何人所为？郑亮又惊又怕，女友平日性格温和，为人谨慎小心，没有听说得罪过什么人啊？

他想起海露告诉自己的伤心往事。对，肯定是海露前男友，他炒股亏完了海露的购房款，欠了一屁股债又跑了路，这会儿肯定是被债主给逼急了，才狗急跳墙，绑架前女友海露，借此勒索钱财。

想到这儿，郑亮报了警，海露前男友成为重要嫌疑人。警方围绕海露前男友的社会关系展开调查，很快在东部某市找到了他。海露前男友承认自己欠钱跑路的事儿，可是他说，海露的失踪跟自己没有关系，这段时间，他白天在厂里上班，晚上住的是集体宿舍，根本没有外出时间，同事们也能够证明。

海露前男友作案的嫌疑被排除掉了，警方继续调查，发现海露失踪当天，银行卡内的2万元存款在一处取款机上被取走。警方调取了监控，监控显示取款人是个女子，身着灰色风衣，戴着宽檐帽和墨镜。

警方让郑亮辨认取款的女子，可宽檐帽和墨镜遮住了大半张脸，根本没有办法看清女子的真面目。她会是谁呢？跟海露又是什么关系？郑亮努力搜索着女友的所有社会关系。

突然，他想起一个人，姜苗苗，就是海露的合租女伴。就在上个月，姜苗苗还与海露见了面，当时自己去接女友时，姜苗苗一看到他，就停止了谈话，似乎有什么事不想让自己知道。回家的路上，女友不说话，神情也显得十分紧张。难道说海露的失踪和姜苗苗有关？他把自己的怀疑告知了警方，警方随即按照身份信息找到姜苗苗并传讯了她。

听说海露失踪，姜苗苗很吃惊地说："上个月到省城出差，我是约了海露吃饭，得知她有了新男友并打算结婚，我很替她高兴。但得知李自强还在与她合租时，我就劝她，要离李自强远一点。海露很奇怪，我就跟她解释说，自己当初和李自强分手，父母反对只是一方面原因，更为重要的是，我偶然发现李自强在吸毒，这才毅然和他分了手。海露听后脸色煞白。后来，海露的男友来了，我就中止了这个话题。之后没有再联系。海露失踪，真跟我没啥关系。"

姜苗苗的话是真是假？如果李自强是个瘾君子，有没有可能是他绑架了海露？可是，在取款机上取款的分明是个女子啊，而且海露失踪后，李自强一直和女儿还在出租屋里生活，没有发现什么异常情况。一时间，案情扑朔迷离。

但警方没有放过任何可疑线索，在对李自强调查中发现，海露失踪当天晚上，李自强的形迹十分可疑，他从朋友处借了一辆小轿车，第二天中午才归还。通过调取公路监控，警方顺藤摸瓜，在市郊一处废弃仓库里，终于找到被绑架的海露。随着海露被成功解救，李自强伙同毒友共同绑架海露的真相终于浮出了水面。

原来，海露从姜苗苗处得知李自强吸毒后，回想起被性侵的往事，觉得李自强温情的外表，是在刻意地伪装欺骗自己，她对李自强从反感变成了害怕。海露跟郑亮连续提出搬家，引起男友的怀疑。海露不想让郑亮知道自己被性侵的往事，于是推说是前男友的原因，敷衍了过去。

和男友郑亮旅游回来后，海露心情有所好转，另外发现李自强结交了新女友，海露的警惕有些放松。新房已经交付准备装修，为了不引起男友猜疑，她搁下了搬家的念头。

然而，危险在一步步逼近，海露最为担心的事情还是发生了。

这天海露下班回家，李自强要推门进来，海露见状就要关门。李自强一把推开门，坐在海露的床沿上说："妹妹，近来手头紧，能不能借给哥哥点钱花？"李自强的嬉皮笑脸让海露感到恶心，她现在对这个昔日的大哥没有一丁点儿好印象，一口回绝说没钱。

李自强见状阴阳怪气地说，如果不借钱，我就把咱俩的事儿告诉你的男朋友！听到这话，海露是又气愤又害怕，想想搬家在即，息事宁人方是上策，于是拿出2000元打发了李自强。

送走李自强，海露思来想去，还是给男友打了电话，要他第二天下班后来接她。她决定，这次要跟男友说清楚，尽快搬走离开李自强。

然而，就在这天晚上，李自强毒瘾发作，他再次闯进海露房间借钱。海露忍无可忍，对李自强破口大骂。这下可惹恼了李自强，毒瘾发作的他冲上去把海露扑倒在床上，用绳子紧紧捆住了海露，逼迫她说出了银行卡的密码。他找来共同吸毒的女友，乔装打扮一番后从取款机上取走了卡里的2万元钱。

此时的李自强已经失去了理智，干脆一不做二不休，乘着夜深人静，他从朋友处借来小轿车，把海露塞进后备厢，开到市郊一处废弃仓库藏匿。他指使一个毒友，逼问出海露未婚夫郑亮的电话，然后勒索赎金30万元。而他本人则装作没事，回到出租屋观察动静。然而，再狡猾的狐狸终究逃不过猎人的眼睛，李自强和他的毒友们最终都落入法网。

检察机关对李自强等人依法提起了公诉，但在罪名的确定上产生了不同意见。本案中，李自强首先逼迫海露说出银行密码，取走2万元，然后再以海露为人质，向海露的男友索要30万元赎金。有人认为，这是一个连续行为，侵害对象一致，应当以绑架罪进行处罚。但有人认为，这是前后两个完全不同的行为，应当以抢劫罪和绑架罪两个罪名进行处罚。那么，法律是如何规定的呢？

抢劫罪，是指以不法占有为目的，以暴力、胁迫或者其他方法抢劫公私财物的犯罪行为，一般处3～10年有期徒刑；情形严重的，处10年以上有期徒刑。而绑架罪，是指以勒索财物为目的，或者作为人质，使用暴力、胁迫的方法，绑架他人的犯罪行为，一般处10年以上有期徒刑并处罚金或者没收财产；情节较轻的，处5～10年有期徒刑，并处罚金。

那么，两个罪名的区别是什么呢？第一，取得财物是否具有当场性。抢劫罪一般为当场取得财物，而绑架罪则是发出威胁，索取赎金，劫取财物一般不具有当场性。第二，是否从被害人本人处取得财物。抢劫罪一般是从被害人处劫取财物，而绑架罪则是向其亲属或其他人索取。第三，侵犯的客体不同。抢劫罪侵犯的是公私财产；绑架罪侵犯的是公民人身权利。

本案中，李自强首先以暴力手段，逼迫海露说出银行卡密码，并取出了海露的2万元钱，然后又绑架海露作为人质，向其男友郑亮索要赎金30万元，前后两个独立的行为，分别符合抢劫罪、绑架罪的犯罪构成。最终，人民法院认定李自强等犯抢劫罪和绑架罪，数罪并罚判处李自强有期徒刑10年。

惊悚过后，海露向男友坦白了被李自强侵害的往事。此时，男友才终于明白海露多次提及搬家的真正原因，他懊悔自己的疏忽大意，安慰女友要忘掉过去。海露很感动，一个月后，两人登记结婚搬进新房，开始了新的生活。

律师评点>>>

欲生于无度，邪生于无禁。

城市生活里，人们觉得合租可以分担压力，一个人在大城市里打拼，多一个室友，确实可以分担一半的房租。而且一个人住会寂寞，两个人住会多个人谈心，甚至依靠，伤心难过时可以跟她诉诉苦。所以，合租成为大城市里打拼的同性或异性之间一种搭伙居住的短暂生活方式。

然而，合租也有风险，尤其是异性合租，女性一定要注意人身和财产被侵犯的危险。（1）双方都要理性地对待问题，还要有很好的自制力。（2）要事先明确各种费用分摊情况。各类开销最好都实行“AA”制。（3）尊重对方，不干涉对方隐私。不要穿太随便、性感的衣服出入客厅或公共地方，女性尤其要注意。（4）女性应适当做一些应变准备，诸如把电话号码告知身边的好友，带朋友过来看看等。一人在房间时，记住关门，睡觉时一定要锁门。（5）对于自己无法忍受的事项，如养宠物、深夜噪声等，在合租前应立下君子协议。

总之，异性合租是一个优点与风险并存的情况，尤其对于女性来说，与异性合租，更需要注意合租的安全问题，条件允许的话，建议合租还是尽量选择熟人或者同性合租。万一遭遇不法行为，要注意保留证据，及时向警方报案，以维护自身合法权益。

停车引纠纷

关键词 隐私权的保护

案例故事>>>

2015 年秋天的一天晚上，家住北方某市的贺刚和妻子王静刚要休息，突然有人“砰砰砰”地使劲砸门。贺刚一开门，一个女人披头散发地冲进来喊：“你这个混蛋，我都让你停车了，你还到处散播我的事情，这事我跟你没完。”

贺刚赶忙说：“不是我，我绝对没有说过你的事儿。”“不是你？”这个女人听后更加生气地说：“我的事儿只有你知道，不是你还能是谁？”说着，冲上来对着贺刚就打。

这个女人是谁，贺刚和她是什么关系？究竟是不是贺刚泄露了这个女人的秘密？她又有着什么见不得人的秘密呢？本案要从 3 个月前贺刚新车的不幸遭遇说起。

这天一大清早，贺刚和以往一样，来到小区门口，准备开着停在超市前的车子去上班。来到车前，他惊讶地发现，自己车子的罩衣被划得面目全非，后视镜也被砸得稀烂。这到底是谁干的？半个月里，这已经是他的新车第三次被人破坏。是得罪了什么人，还是有人故意恶搞呢？贺刚不禁怒从心头起。

半年前，贺刚高高兴兴地从车行提了这部新车。有了私家车，上班不用挤公交，节假日还能带着妻儿一起自驾游，贺刚一下子觉得，生活质量提高了好几个档次。他很享受这种有车一族的生活。可是没多久，烦恼就来了，这是怎么回事呢？

原来，贺刚所在小区的停车场要进行改建，而附近停车场的车位都已满员，他只能在小区外的路边见缝插针停车。可现如今，私家车越来越多，路边停车也随之变得越来越困难。而且，自己的新车夜间停在路边也不安全。这让贺刚感到头疼，怎么才能解决停车难的问题呢？他是四处观察，天天琢磨。

这天，贺刚来小区门口的超市买东西时，发现超市门前空地上，摆着四个沉重的大木箱。他围着木箱转了一圈，发现只要把四只木箱移得紧凑点儿，就能腾出一辆车的位置。这让他心中一喜。可是，贺刚也知道，摆放木箱就是为了阻止别人停车。

他转念又想，超市老板娘叫李宛萍，和自己妻子是老乡，他和妻子经常到超市照顾生意，兴许李宛萍能给自己一个面子。于是贺刚赔着笑，向李宛萍提出没车位时，能否借用下她门前的空地。

李宛萍有些犹豫地说："你的车停在我门口，我可怎么做生意？"贺刚连忙说："你放心，我保证靠边停，绝对不会影响顾客出入超市。更何况，我只是晚上停一下，白天就开走。咱们也是半个老乡，你就行个方便呗。"说到这儿，李宛萍勉强答应了。

从那以后，只要路边没位置，贺刚都会把车子停在李宛萍的超市门前。贺刚很爱惜自己的新车，停车后还仔细盖上车罩衣。这停车的大麻烦总算解决了，贺刚如释重负。

可是没过多久，麻烦就来了。这天早上，贺刚去开车，发现车罩衣被活生生地撕开了两条大口子。他分析，是不是李宛萍卸货搬货时，不小心剐破的？好在没有伤着车漆，贺刚也不好说什么。没想到的是，第二天再取车的时候，车身黄一块，黑一块，不知道被泼了什么脏东西。

而当天，自己的车子连续第三次被破坏。这下可惹火了贺刚，看来是有人专门针对他故意所为。妻子提醒他，这几次车子被破坏，都是在超市门口，是不是李宛萍干的。

不可能，当初是她同意自己停车的，平日里见面，也都和和气气的。再说了，我也问过李宛萍车子被破坏的事儿，她说自己11点就关了门，对他的遭遇深表同情。贺刚否定了妻子的想法，如果她不想让自己停车，可以直接说嘛，没必要这样做啊。

可是，不是李宛萍，能是谁干的呢？怎样才能查出背后的黑手呢？贺刚苦思冥想，突然他想起买车时销售人员的建议。销售人员说："你安一个行车记录仪吧，以后如果遇到碰瓷或者是交通事故，有理又说不清的时候，你只要调出视频录像作为证据，一下子就能真相大白，省去好多麻烦。"当时，贺刚觉得这是销售人员在为推销商品而小题大做，于是推说考虑一下再说。

此时，自己的新车连续三次被人暗中破坏，却抓不住黑手，如果安上一台行车记录仪，是否能查出幕后真凶呢？就此，贺刚咨询了车行。

在车行的建议下，贺刚安装了一款有侦测功能的行车记录仪。打开侦测功能后，只要摄像头感应到画面在动，就开始录制。画面静止，就会自动停止录制。录制的视频还会被自动锁定，以方便查找回看。

行车记录仪安装妥当，贺刚故意一连几天很晚才把车子开回来，然后不动声色地停在超市门口，悄悄地把行车记录仪的侦测功能打开。他在期待着抓获破坏他车子的真凶。那么，这台行车记录仪能否实现他的愿望呢？

恶作剧于一个星期后再次发生。这一次，车子右侧大灯的位置被划出几道深深的剐痕。这可把贺刚心疼坏了，他立刻调出记录仪的视频，在看到回放的一幕时，他瞬间惊呆了。天哪，作恶者不是别人，居然是超市的老板娘李宛萍。

贺刚强压怒火找到李宛萍说："你不同意停车可以当面说，为什么在背后使坏？"李宛萍根本不承认是自己所为。贺刚拿出截取保存的视频和她对质，虽然夜色灯光昏暗，但依然可以辨认出穿着连衣裙的李宛萍用一根铁丝划车的模样。铁证之下，李宛萍当即哑口无言。

"不用说，之前的那些坏事也是你干的！"贺刚指责道。李宛萍见事情败露却不甘示弱："你的破车盖着白色的车罩衣，那是死人才用的颜色，停在我门口看着就晦气，影响我的生意。"

"可这几天我也没盖车罩衣了，你为什么还搞破坏？"贺刚接着问。"你停几次也就算了，天天来停，我家门前成了你的停车专位了。”李宛萍说。“这是公共区域，别家商铺能停，凭什么你这儿就不能停！”贺刚说。“别人我管不着，但就是不许挡我家财路！”李宛萍也不示弱。

两人的争吵，引发了很多邻居围观，李宛萍一看形势不对，自知理亏，主动提出赔偿2000元。贺刚也没想把事情闹大，便收下赔偿款驾车而去。

行车记录仪抓住了背后黑手，贺刚这心里可算是出了口恶气，不免有些得意。可是，这得意没持续多久，他发现，停车的麻烦事又来了。常常是他把车开回来，却根本找不到停车的地方，他只能把车开到离家很远的一处快捷酒店的停车场，第二天一早，再坐两站公交车去取车上班。这样一来，私家车反而成了累赘，让贺刚非常苦恼。

之后，贺刚每每看到李宛萍超市前的位置，他开始后悔自己当初太冲动，如果能以此作为把柄，说不定他反倒可以高枕无忧地在那儿停车，也不用像现在这样烦恼了。

就在这个时候，一个意外发现让他欣喜若狂，因为这个发现，彻底解决了他的停车难题。这个意外发现是什么？贺刚又是怎样解决停车的问题呢？

这天清晨，贺刚临时有事早起，到快捷酒店停车场取车。当他刚刚坐到车上，突然看到酒店门口走出一个熟悉的身影，居然是李宛萍，跟她一起走出的是一个中年男人，但并不是李宛萍的丈夫。这么一大清早，李宛萍和这个男人在酒店干什么？两人又是什么关系？直觉告诉他，这里面可能有故事。于是他溜下车，藏在停车绿化带后面偷偷观察。

李宛萍和那个中年男人一前一后，顺着人行道往前走，始终保持着十来米距离，直到分岔路口，李宛萍才跟他招手告别。明明认识，却装作不认识，这个李宛萍，肯定是做贼心虚。

他心里一动，既然从酒店出来，那一定会有进入酒店的记录，于是，他调出昨晚的行车记录仪视频记录。果然不出所料，大概夜里11点多，他看到李宛萍和那个男人前后进入酒店的身影。

原来是这样啊，贺刚嘴角露出讥讽的微笑，他的脑海里，立刻浮现出解决停车难的妙计。

此后，贺刚总是把车停在正对酒店门口的一排大树后面，这样，记录仪可以透过树木之间的空隙录制到酒店门口的动静，但车子却不易被发现。

功夫不负有心人，一个月的行车记录仪显示，李宛萍和这个中年男子多次共同出入酒店。原来，正如贺刚所猜测，这个李宛萍果然是背着自己的老公，在外和别的男人开房。抓到了这个把柄，自己的停车就不再是问题，贺刚心里暗自得意。

他把这些视频剪辑整理后，存入自己手机。这一天，等超市快打烊了，超市里只有李宛萍一个人。贺刚走进去笑着对李宛萍说："最近经常到那家快捷酒店办事，巧了，几次都碰见你。"

李宛萍满怀戒备地看着他问："你什么意思？"贺刚笑着回答："不干什么，有个好东西给你看看。"说着，他掏出手机，当面打开了那段经过剪辑的录像。

李宛萍看后，脸色"唰"一下变了，问："你，你，到底想要干什么？"贺刚压低声音道："放心，我不会为难你，只要继续让我停车，不再搞破坏就行。"李宛萍不吱声。贺刚又说："你放心，那些视频我一定会删除干净。"李宛萍想了想说："好，你要说话算话，车子你随便停，可你要保守秘密，绝对不能让我老公知道。"说罢，两人心照不宣地相视一笑。

此后，李宛萍的超市门口就成了贺刚的专用停车位，停车难的问题算是彻底解决了。

贺刚也没有因此"得理不饶人"，他表现得友好而低调，每次停车时都会和李宛萍打个招呼，聊上几句，还买些东西，甚至碰上超市进货，还会主动帮忙搬货。这一来二往之间，两人的关系比过去更加融洽。

这下，既解决了停车难题，还化干戈为玉帛，贺刚不禁得意自己的妙计。可是，让他万万没有想到的是，这停车问题是解决了，家里的后院却起了火。这又是怎么回事呢，这要从贺刚的妻子王静追问停车说起。

一开始，妻子对他又可以在李宛萍那里停车感到奇怪，她不是不许停车吗，现在怎么又同意了呢？贺刚想到和李宛萍的约定，担心妻子口风不严，于是说：“我开明大度啊，不计前嫌，经常照顾她的生意，再说，她还是你老乡吗。”妻子半信半疑，但也没去深究，毕竟，有个车位是件再好不过的事情。

但后来，王静在小区里听到一些风言风语。有人善意提醒她说：“你丈夫贺刚和李宛萍关系近来可非同一般，你得注意点。”听到这话，王静有些沉不住气，她再次追问贺刚真实原因。贺刚说：“我不跟你解释过了吗？”可是妻子根本不相信，说：“你说，你跟她之间是不是有私情？”“你胡扯什么呀。”贺刚有些不耐烦地说。可是，妻子不依不饶：“今天不说清楚，我跟你没完。”

妻子咄咄逼人，无奈之下，贺刚只好讲出停车的真实情况。王静听完后十分惊讶，原来李宛萍还有这种事啊。贺刚再三叮嘱：“这事绝对不能和别人讲，再说我也不想让人知道我用视频威胁李宛萍。”王静连连点头，保证一定保密。

可是，俗话说得好，要想人不知，除非己莫为。李宛萍婚内出轨的事最终还是被她丈夫知道了，她跟贺刚的矛盾也就此变得不可收拾了。

这天下班回家，贺刚刚到小区门口准备停车，就发现超市门口围了好多人，人们三三两两地议论着什么。他好奇地下了车上前看个究竟。这不听不知道，一听吓一跳。原来，李宛萍和情人约会被老公逮个正着，两口子这会儿在超市里打架呢。

是谁泄露了李宛萍的私情呢？贺刚觉得纳闷，可能是李宛萍自己不小心被抓了现形吧，这个时候停车可不方便。贺刚把车子开到小区外边的巷道停好，转身回了家。

没想到，当天晚上，愤怒的李宛萍就找上家门兴师问罪。于是发生了案件开头的那一幕。看着摔门而去的李宛萍，贺刚心里十分委屈，这事儿确实不是自己说出去的，难道是妻子泄露了秘密？果然，在他的一再追问下，妻子承认了是自己所为。

原来，几个要好的邻居出于好心，提醒她说贺刚与李宛萍可能有私情。开始王静假装听不懂，邻居嘲笑她太笨太傻，情急之下她就说出了真相。不过她没说录像的事情，只说李宛萍和情人在酒店被贺刚撞见，因为有短处在贺刚手上，所以李宛萍才又让停车。

可没想到，这事儿就此传开，最终传到了李宛萍丈夫的耳朵里，于是她丈夫便留心跟踪她，结果在李宛萍又一次到酒店时，被丈夫抓了个现行。

原来问题还是出在自家身上，得知真相的贺刚非常生气，也很无奈。事到如今，他只能寄希望于李宛萍那边能峰回路转，大事化小。

可是事情变得越来越糟糕，李宛萍夫妻双方家人也参与进来，丈夫无法容忍妻子婚内出轨，提出了离婚。由于在酒店被丈夫抓了现形，李宛萍最终被迫离婚后净身出户。

这一下事情可闹大了，贺刚有些担心，李宛萍会把这笔账算在自己的头上。果然不出所料，一个月后，贺刚收到了法院的传票。李宛萍在诉状中说，贺刚以持有她个人隐私为威胁，达到使用停车位的目的，且恶意散播她的个人隐私，导致其婚姻破裂。她要求法院判定贺刚侵犯个人隐私权，贺刚向她赔礼道歉，并支付精神赔偿金 10 万元。

这下吃上了官司，贺刚怪妻子多事。妻子则认为，也不能全听李宛萍一面之词，说不定她丈夫早就起了疑心。就是自己不往外说，她丈夫也一样会发现，只不过她现在把气出在我们身上罢了。

可是摊上事儿总得解决呀，贺刚只能硬着头皮给李宛萍打电话请求和解，却遭到李宛萍的断然拒绝。软的不行就来硬的，贺刚态度强硬起来："你告我得有证据，你手里有我拍摄你隐私的证据吗？没有证据凭什么告我？"

李宛萍冷笑说："不要以为只有你能录像。告诉你，我的超市也是有监控的。那天晚上，你到我店里来，拿着手机给我看你录制的视频，要挟我使用停车位，这些在超市的监控录像上，可都看得一清二楚，我全部做了备份保留。"

贺刚一听傻了眼，没想到李宛萍还留了这么一手，这些监控视频拿到法院当作证据，自己该如何解释呢？搞不好会输了官司还赔钱。回到家，他和妻子又是一顿大吵，骂她成事不足败事有余。妻子一气之下，收拾东西回了娘家。

这下贺刚可傻了眼，车位没有了，得罪了女邻居，还吃上了官司，连妻子也生气回了娘家，早知如此，何必当初啊。贺刚一气之下，把那台小小的行车记录仪砸了个稀巴烂。可是，这并不能解决问题，更让他想不到的事情还在后边。就在他焦头烂额时，又接到警察的电话，说妻子被人捅成重伤，这会儿正被送往医院急救。

什么，妻子不是回娘家去了，怎么会被人捅伤，发生了什么事情？是何人所为呢？这还要从妻子回娘家之后说起。

王静回到娘家后，父母得知了事情原委，觉得这事儿确实棘手，作为老人，自然希望以和为贵。于是劝说女儿去跟李宛萍好好谈一谈，取得对方的谅解，最好能大事化小，小事化了。

王静冷静下来，觉得父母说得有道理。于是这天下午，她打听到李宛萍租住的地方，主动上门求情，千错万错都是我的问题，与贺刚无关，请求你原谅我们，撤回诉讼吧。

李宛萍断然拒绝："我被你们害得夫离子散，身败名裂，还想让我撤回诉讼，你们想得美。"

百般劝说没有结果，王静怒火中烧："你要没做那种事，就是贺刚故意拍也拍不到。自己做了，还要去告别人，真的是不要脸。"

李宛萍已经被婚变和舆论搞得焦头烂额，此时听到王静的嘲讽，气急败坏，她抓起桌上的水果刀疯狂地捅向王静。王静躲闪不及，被刺中后，鲜血流了一地。看到王静倒在血泊中，李宛萍意识到自己闯了祸，拨打了"120"，并主动投案自首。

王静经过抢救脱离了生命危险，经法医鉴定构成重伤。公安机关以李宛萍涉嫌故意伤害罪移送检察机关审查起诉。李宛萍提出自己的疑问，贺刚利用行车记录仪录制视频，要挟自己出让停车位，在法律上该如何认定呢？

隐私权，是指我们每一个公民享有的私人生活安宁，与私人信息秘密依法受到保护，不被他人非法侵扰、知悉、收集、利用和公开的一种人格权。

哪些隐私权是受到法律保护的呢？法定的隐私包括住宅、邮电通信、婚姻状况、两性关系、伤痛疾病、收养秘密、个人储蓄、未成年人犯罪、艾滋病等。简单地说，这些隐私是公民的私事，是在个人生活领域内不被他人知道，并且与公共利益、群体利益无关，而他人无权干涉、知晓或擅自公开的权利。

本案中，贺刚为了保证自己车辆安全，安装行车记录仪本无可厚非，但是，他利用拍摄到的李宛萍不想被人知道的隐私，以此为要挟，迫使李宛萍同意其使用停车位，进而贺刚妻子又将李宛萍的隐私散布给小区其他邻居，直接造成李宛萍的婚姻破裂，已经构成对李宛萍隐私权的严重侵犯，应当为此承担法律责任。

公安机关认为，贺刚利用视频信息要挟李宛萍停车的行为，尚不够敲诈勒索的刑事处罚，但依照《中华人民共和国治安管理处罚法》的相关规定，对贺刚处以警告，并处500元罚款。王静与李宛萍达成《赔偿谅解协议》，李宛萍对造成王静的伤害后果进行了经济赔偿，并撤回对贺刚的侵犯隐私权民事诉讼。最终，法院以故意伤害罪判处李宛萍有期徒刑3年，缓期5年执行。

律师评点>>>

英国哲学家罗素说，一个欲望，就其本身来说，既不可能是合理的，也不可能是不合理的，它也许与其他的欲望发生冲突，因而导致不幸。

案例选取停车难这个切入点非常有故事性，同时又和隐私权保护之间产生了互动和冲突，贺刚的要挟行为和李宛萍的婚外情这两个错误的叠加，造成了两个家庭血与泪的悲剧，而之间的连接点，竟然是一台小小的行车记录仪。

现代科技给我们的工作生活带来很多的便利，也引发了个人隐私的保护问题。尊重他人，尊重他人的隐私，是文明社会的礼仪，也是政府、企业和每一位公民应当遵守的法律底线。

丈夫家外还有一个家

关键词　重婚罪的认定

案例故事>>>

常言道，要想人不知，除非己莫为。意思是，如果想别人不知道自己做过的事，除非自己不去做它，否则迟早是会被暴露的。就拿婚外情这种事情来说，有的人认为，只要不被人发现，没有影响家庭就没什么关系。可是，世事难料，本案就从原配在街头与丈夫和小三巧遇说起。

这天傍晚，汽配公司的老板娘李静芳独自驾车行驶在环城路上，经过一个岔路口时，前面的一辆宝马车突然减速，李静芳来不及刹车，“砰”的一声，狠狠地撞在宝马车的屁股上。

车门开了，一个衣着时髦的年轻女子走下车，还抱下来一个两三岁的孩子。李静芳是连连道歉，可年轻女子不依不饶，怒气冲冲拿出了电话。

李静芳以为她要报警，索性坐进车子，等待交警前来处理。

等了一会儿，交警还没到，李静芳却吃惊地看见，自己的丈夫林海生神色匆匆地赶到现场。他接过宝马车女司机怀里的孩子，一同走近李静芳的车子。年轻女子指着李静芳说：“老公，就是她撞的，把你儿子吓得够呛。”

林海生突然看到坐在车里的李静芳，一下子呆住了，只见他放下孩子，转身就跑。李静芳打开车门追出去喊：“林海生，你给我站住，你竟然背着我在外面勾三搭四，连孩子都有了。”林海生像没有听到，飞快地消失在车水马龙中。

这个宝马车女司机是谁？林海生为什么会婚内出轨，竟然还瞒着妻子，跟其他女人有了孩子？要想知道这些，得从李静芳的身世和婚姻说起。

李静芳是家里的独生女，父亲早年经商，家庭条件不错，20 岁那年父亲因病过世。转眼间，李静芳到了谈婚论嫁的年纪，独居的母亲舍不得女儿离开自己，就定下了择婿条件。经济条件不重要，但必须要做上门女婿，将来生下孩子不管是男是女，都要随女方姓。在当地，倒插门会被人笑话，这样一来，李静芳谈对象这事儿一时也没个着落。

就在这时，经人介绍，一个叫林海生的小伙子登上了家门。林海生出生在小渔村，考虑到自己家庭条件有限，对于婚后必须做上门女婿的要求，林海生没有犹豫就答应了。两人见面后，彼此感觉还不错，这桩婚事就这样确定了下来。

2003 年，林海生和李静芳登记结婚。在李母的坚持下，林海生写下一纸承诺："男方到女方家落户，男方成为女方的家庭成员，双方婚后所生子女随女方姓李。"一年后，李静芳生下了一个女儿，由于双方有约在先，孩子随母姓起名李小雨。

2004 年年底，林海生所在单位因为效益不好开始裁员。他也是被裁人员其中之一。下岗后，在妻子的帮助下，林海生盘下两间门面，做起了汽车配件生意。凭着他的精明和能干，经过五年的努力，林海生有了自己的汽配品牌工厂，生意做得风生水起。

就这样，林海生从一个穷小子变成了有钱人，而就在此时，一个女人的出现，改变了他的生活。

2010 年夏天，林海生到江苏出差，代理商公司里的业务经理苏曼，引起了他的注意。苏曼身材窈窕，年轻漂亮，业务又娴熟能干。在林海生的支持下，这一年，苏曼所在区域的销售额翻了两番。年底庆功宴上，兴奋的苏曼感谢林海生的帮助，喝了不少酒，不禁有些醉意。当林海生扶着苏曼回到酒店房间，两人紧紧地抱在了一起。

就这样，苏曼成了林海生的地下情人。林海生害怕妻子知道，极力隐藏着这个秘密，但婚外情的新鲜、刺激让他欲罢不能。可是，没过多久，就发生了一件让林海生头疼的事情，苏曼告诉他，自己怀孕了。

情人怀上了孩子？这下该怎么办？苏曼觉得，自己和林海生名不正、言不顺，这个孩子还是不要为好。可此时的林海生，看着情人的肚子却另有想法，女儿随母亲姓李，这一直是他心头挥之不去的遗憾，苏曼肚里的这个孩子，生下来随自己姓林，不正好是对自己遗憾的补偿吗？如果是个男孩，那更是两全其美的好事儿。

主意打定，林海生劝说苏曼生下孩子。他让苏曼辞去工作，来到自己所在的城市，在环城路上租了一套三居室，还专门请了一个保姆，照顾苏曼怀孕待产。第二年春天，苏曼生下了一个大胖小子。

儿子的降生让林海生喜出望外。为了避嫌，苏曼建议，让孩子跟自己姓苏。林海生不同意："那不行，他是我儿子，必须跟我姓林。"他给孩子取名林小荣。为了安抚苏曼，林海生送了苏曼一辆宝马轿车并说："苏曼，孩子你先好好养着，给我点时间，和李静芳离婚后，我们一家人团聚。"

此后，林海生就过着家外有家的日子，好不快活。李静芳以为丈夫是在外忙事业，哪知道丈夫居然在外面有了情人和孩子。林海生小心翼翼地隐藏着这个秘密，从来没让妻子和苏曼打过照面，满心指望自己能一直这样瞒天过海生活下去。

可是，人算不如天算，哪里想到，这天，林海生接到苏曼母子开车被人追尾的电话。当他急匆匆赶到现场的时候，才发现追尾的车主不是别人，恰巧就是自己的妻子李静芳。于是出现了案例开头的一幕。

苏曼看到林海生头也不回地跑掉，立刻明白眼前这个女人，正是林海生的妻子。三十六计，走为上计，苏曼赶紧抱上孩子钻进车子，一溜烟开走了。

就这样，林海生在外包养情人还生下孩子的事情，终于败露了。丈母娘大发雷霆："好你个林海生，我李家哪点对不住你，居然在外边干出这种事，要我说，你这是重婚罪，必须去公安局告你，让你尝尝坐牢的滋味。"

听到母亲这样讲，李静芳陷入纠结，丈夫在外面包养情人也就罢了，竟然还生了儿子，而自己居然被蒙在鼓里这么久，现在就算把林海生千刀万剐，也解不了她心头之恨。可是转念一想，女儿李小雨都这么大了，父亲要是因为重婚去坐牢，女儿怕是以后在老师同学面前都抬不起头了。

想到这儿，李静芳说："林海生，看在女儿的分上，我暂且饶过你，不过，这婚是一定要离的，你好自为之吧。"

见妻子离婚态度坚决，林海生自知有错，他主动将房子、车子和所有存款都留给了妻子，双方很快办好了离婚手续。

得知林海生自己做主离婚净身出户，苏曼老大不乐意："你把财产全部给了李静芳，你让我和孩子喝西北风啊？不行，你去找李静芳，把财产要一半回来。"林海生赶紧劝慰："没关系，公司现在发展稳定，一年赚个百十万元没问题，以后赚的钱呀，我都交给你。"苏曼想想也是，房子车子都是死钱，林海生的公司才是只会下蛋的母鸡，当务之急，要让林海生明媒正娶，给自己和儿子一个名分。

在苏曼的催促下，林海生把苏曼带回了老家，打算跟父母禀告后，就跟苏曼结婚。老两口本来想为离婚的事情责骂林海生。可是，父亲见到孙子林小荣后，不禁心生欢喜："李家让孩子随母姓，就是欺负人。这个小孙子活泼可爱，简直就是天上掉下来的好福气。我看呀，这事刚刚好，你们尽早结婚，照顾咱林家孙子长大。"

听到父亲这样讲，林海生心里觉得踏实了。其实呢，原先这家外有家的日子，过得并不安心，再加上还要经常安抚苏曼的催婚，两头求全，搞得他疲惫不堪。可是让他主动提出离婚，林海生张不开这个口。现在好了，妻子主动要求离婚，自己可以正大光明地和苏曼在一起，更何况，父母对苏曼还有孙子很满意。塞翁失马，焉知非福，这下呀，也正合了苏曼的心意。

林海生心中暗自得意。可是没过几天，娇妻贵子的美梦，却成了竹篮打水一场空。这又是怎么回事呢？

原来，林海生的一次投资失误，导致公司资金链断裂。离婚时，林海生把现金存款都留给了前妻，公司账面是山穷水尽。因为拿不到工资，员工纷纷离职，公司眼看濒临倒闭。

俗话说，屋漏偏逢连夜雨。就在债主气势汹汹踏破了公司大门的危急时刻，苏曼居然带着孩子不辞而别。曾经的感情，就这样轻易舍弃啦？林海生不敢相信这是真的。可是，十天过去了，一个月过去了，苏曼不仅没有回头，反而音信全无。

而公司这边，债主讨不到钱，就雇了一帮人把林海生打得鼻青脸肿，还撂下狠话："一个星期里见不到钱，要你好看。"无奈之下，他找到前妻李静芳，一把鼻涕一把泪地哀求："静芳，帮帮我吧，再不还钱，他们真的会要了我的命。"女儿小雨吓坏了："妈妈，爸爸好可怜，我们帮帮他吧。"

李静芳愤恨林海生的背叛，有心不帮，可又拗不过女儿的哀求。最终，她还是瞒着母亲，把一张存单交到了林海生手上："这是离婚时你给我的存折，本想留着小雨上大学用，如果不想让小雨没钱上学，你就加油干。"

李静芳的深明大义，感动警醒了林海生，他抖擞精神，重整旗鼓。有了李静芳的资金支持，经过一年的努力，公司走出困境，重新步入正轨。

经营恢复正常，林海生松了口气。回想起当年下岗失业，是李静芳帮助自己下海创业，打下江山。自己出轨离婚，濒临破产，李静芳不计前嫌，伸出援手，让公司转危为安。可苏曼呢？看到自己没钱了，不仅跑得飞快，而且连个音信都没有。哪个有情，哪个无义，林海生算是明白了。他暗下决心，要重新追回前妻。

此后，他找各种理由接近李静芳，可李静芳无法原谅他的背叛和欺瞒，对于复婚要求不理不睬。怎么办呢，林海生束手无策，这时，一个意外让事情有了转机。

李静芳的母亲被检查出患了肠癌。医生建议，到上海某医院接受手术。林海生听说了这件事，他主动请缨，带着老人来到上海，像亲儿子一样伺候护理着老人。然而，老人毕竟上了岁数，又是癌症晚期，最终还是撒手人寰。

临终前，母亲劝说李静芳："林海生是有错在先，可是，这次他鞍前马后地照料，看得出他还是真心悔过，你就原谅他吧。再说我走了，你一个人带着小雨，我这心里也不踏实。”

处理完老人的后事，林海生精心打理公司业务，生意日渐兴隆。此时的李静芳，心中坚冰渐渐融化。林海生想择机提出复婚，然而就在这个时候，一个电话，彻底打乱了他的计划。

这天，林海生接到父亲打来的电话。林老汉兴奋地告诉他：“海生，苏曼领着咱孙子回来了。”

什么？苏曼回来了？这一年多，她到哪儿去啦？怎么早不早、晚不晚的，在这个节骨眼回来了呢？带着满脑子的疑问，林海生赶到父亲家，再次见到了苏曼，终于知晓情人不辞而别的真相。

原来，林海生和妻子离婚，苏曼觉得，终于可以结束这见不得阳光的地下情生活，从此过上光明正大的富贵日子。没想到，林海生却是净身出户，把财产全部留给了前妻李静芳，苏曼很是恼火，后来林海生承诺，以后公司赚的钱都交给自己，她才平息了心中怒火。没承想，公司却面临破产的命运，自己搭上青春，赔上美貌，难道是要跟林海生吃苦吗？这样一无所有的男人，不要也罢。

于是，她带着孩子跑到远嫁北方的姐姐家，独自抚养着儿子林小荣。姐姐见苏曼一个人拉扯孩子不容易，撮合着给妹妹介绍对象。可是，一听说苏曼带着孩子，男方头也不回地就跑掉了 。好不容易遇到个对眼的，对方却提出试婚同居一年。苏曼感情上无法接受，也怕影响到孩子，她断然拒绝。

苏曼心灰意冷，当她听说林海生经过努力东山再起的时候，她后悔自己当初的决定，萌生了回到林海生身边的想法。

于是，苏曼精心策划了与林海生见面复合的场景，她没有直接去找林海生，而是带着儿子回到了林老汉的家里。不出所料，爱孙心切的老人喜出望外。苏曼对与林海生复合充满了信心。那么，林海生能够重新接受苏曼吗？

听完苏曼的讲述，林海生拒绝了她的结婚要求：“不行，我要和李静芳复婚。”

“什么？你要和前妻复婚，那我呢，孩子呢？”林海生不为所动：“自打你不辞而别的那天起，我们之间的一切都结束了。”

看到林海生态度坚决，苏曼强压怒火：“好，林海生，我千里迢迢回来，带着儿子低声下气地求你，没想到你如此绝情无义。可是，既然儿子跟你姓，这孩子的抚养费，你这当爹的总不能不付吧。”

林海生点头应允：“好，抚养费我出，可你不要打扰我和李静芳的生活。”

从父亲家回来，林海生把情况如实告诉了李静芳。李静芳表示，你知错能改就好，苏曼一个人带着孩子也不容易，不要再惹是生非。

于是，林海生和苏曼签订了一纸协议，双方约定，孩子林小荣由苏曼抚养，林海生支付抚养费。在不影响孩子生活的情况下，林家可以探视孩子。

林海生以为，这下可以天下太平了。可是，他实在是小看了苏曼的手段。苏曼是变着法子提出要求，今天说要去旅游，明天要报亲子班，索要的钱财远远超出约定的抚养费。林海生深感负担沉重。

这还不够，苏曼又说：“我一个人带孩子太辛苦，得请个保姆，这个钱得你来付。”林海生说：“既然你带不了，那孩子由我抚养好了，可以让爷爷奶奶照料。”听到这儿，苏曼当场发飙：“儿子是我给你家生的，你又不肯娶我进你的家门，凭什么让他们带。”

林海生拒绝了请保姆的要求，苏曼则把前来探望孩子的林老汉拒之门外。更让林海生意外的是，苏曼一不做二不休，直接把孩子名字从林小荣改成了苏昊。这可惹恼了林海生，他停付了孩子的抚养费。

双方矛盾陡然升级，苏曼一纸诉状，将林海生告上法庭，要求一次性支付抚养费100万元。开庭当天，林海生对孩子改名提出了异议。苏曼说：“我是孩子的妈妈，既然林海生不愿意和我结婚，我就有权更改孩子的名字。”她说的有道理吗？

我国民法总则第110条规定，自然人享有生命权、身体权、健康权、姓名权、肖像权、名誉权、荣誉权、隐私权、婚姻自主权等权利。姓名的决定权，是公民的法定权利，但是，未成年人没有自我决定的民事权利能力，所以，孩子出生的时候，姓名一般由其父母选定。关于孩子的姓名问题，我国婚姻法也有明确规定，子女可以跟父亲姓，也可以跟母亲姓。

最高人民法院的相关司法解释规定："父或母一方擅自将子女姓氏改变而引起纠纷的，应责令恢复原姓氏。父母也不得因子女变更姓氏而拒付子女抚育费。"据此，法院向两人做了释明，母亲苏曼将孩子名字林小荣改为苏昊，应当征得林海生的同意，因为他作为孩子父亲，也是法定监护人之一。但是，支付抚养费是父母法定的义务，林海生不能因为孩子的姓名变更停付抚养费，建议双方庭外调解。

走出法院，苏曼对林海生说："好，既然法律规定孩子名字不能变，那抚养费你必须得给，我不想再和你有什么瓜葛，你一次性付我 100 万元，咱们大路朝天，各走一边。"

"100 万元？不可能，我没有这么多钱。"林海生说。"没有，你自己想办法，告诉你，不答应我的要求，我就到公安局告你重婚。"苏曼威胁道。

此时的林海生，算是彻底看清楚苏曼的真面目：投怀送抱、不辞而别、法院告状，以及孩子改名，这一切都是为了钱。100 万元不是个小数字，他一时之间根本不可能拿出来。可是，如果不答应苏曼，她要是真的去公安局告发我重婚，这也不是件小事。林海生一筹莫展。

苏曼步步紧逼，一个星期后，警察传唤了林海生。经过调查，警方认定，林海生在与李静芳夫妻关系存续期间，又与苏曼以夫妻名义同居，还生有一子林小荣，随后警方以重婚罪刑事拘留了林海生。

看到林海生遭受牢狱之灾，苏曼得意扬扬地放出话来："林海生两口子真是狠毒，当初假装离婚，把钱全部留给女方，欺负我孤儿寡母走人，等目的达到后再复婚。这回，再想打发我走人，可没那么容易。"

林海生锒铛入狱，苏曼四处传谣。李静芳不堪其扰，她觉得，不能再任凭苏曼这样胡闹下去，可是，怎么才能解决前夫林海生欠下的这笔风流债呢？

李静芳找到了律师，提出了自己的疑问，林海生构成重婚，那她苏曼明明知道林海生有家庭，还和林海生同居生养儿子，是不是也构成重婚罪呢？

重婚罪，有两种情况，一种是指有配偶者又与他人结婚的，还有一种是明知他人有配偶而与之结婚的。

所谓有配偶，是指男人有妻子、女人有丈夫，而且这种夫妻关系未经法律程序解除，仍然存续的；所谓又与他人结婚，包括虽未经婚姻登记手续，但以夫妻关系共同生活的事实婚姻。

第二种情况，明知他人有配偶而与之结婚的，是指本人虽无配偶，但明知对方有配偶，而故意与之结婚的（包括登记结婚或者以夫妻名义同居生活的）此种存在有意破坏他人婚姻的行为。

律师经过分析后认为，本案中，林海生构成重婚罪，证据确凿充分，无可非议，但是，苏曼明知林海生和李静芳是夫妻，且有女儿，仍然和林海生同居并生育儿子，依法也构成重婚罪。

于是，李静芳向公安机关报案，要求追究苏曼重婚罪的责任。

公安机关经过调查后认为，苏曼明知林海生有妻子，还与他以夫妻名义同居生活，并生育一个男孩林小荣，苏曼的行为也构成了重婚罪。公安机关立案后，对苏曼采取了取保候审的强制措施。

在短短一个月内，曾经的情人惹下了三场官司。林海生和苏曼各自构成重婚罪，由刑事审判庭审理。苏曼起诉林海生索要抚养费的案件，由民事审判庭审理。鉴于本案的特殊性，刑事法官与民事法官决定，联合对这三个案件进行审理和调解。

最终，在法官的主持下，苏曼、林海生和李静芳达成协议：林海生低价变卖自己的公司所得50万元，补偿支付给苏曼；孩子由苏曼抚养，各方互相谅解。人民法院以重婚罪分别判处林海生、苏曼有期徒刑一年，缓刑两年执行。

判决生效后，苏曼离开了这座伤心的城市，林海生又变回一个穷小子。婚外情两败俱伤后，李静芳最终原谅了林海生，双方办理了复婚手续。

律师评点>>>

修礼可以寡过，肆欲必至灭身。

案例的主人公林海生和苏曼因婚外情分分合合，恩恩怨怨，结局不仅落得个劳燕分飞，还双双触犯刑律。究其根源，还是违背道德和伦理的欲念在作怪。

案例的法律点是“重婚罪的认定”，这个罪名打击的不仅仅是有婚姻关系的男方在外以夫妻名义与他人同居的情形，如果女方明知道男方有家室，仍然与其以夫妻名义共同生活的，也有可能涉嫌重婚罪。这也警示那些迷失在不伦恋情中的女方，感情世界中，有爱情也不能违反道德和伦理。

被算计丢秘方

关键词 生产、销售有毒有害食品罪

案例故事>>>

2015年3月的一天夜里，潘飞家的酒坊被盗，可是，现金和贵重物品却一样都没有丢。盗贼没有偷值钱的东西，那还叫盗窃案吗？那他来的目的会是什么呢？潘飞家究竟又丢了什么呢？

潘飞出身于当地黄酒酿造世家。黄酒是湖北省西北部山区的特产，据史料记载，武则天贬儿子李显为庐陵王。后李显被贬到湖北房陵。李显从西安皇宫带出来的工匠，在当地山区，用优质的糯米和特制酒曲，酿造出颜色像琥珀，香醇醉人的美酒。武则天品尝后非常高兴，御封为"皇酒"，因为"皇"和"黄"同音，后来就约定俗成称为"黄酒"。

在潘飞家的黄酒坊门前，来买黄酒的人经常排起长队。凭借红火的黄酒生意，潘飞盖房买车，提前进入了小康生活。潘家的发达让当地人羡慕眼红，却不承想，因此惹上了麻烦。

这天一大清早，潘飞就接到酒坊工人的电话：潘老板，你赶紧来吧，酒坊昨晚被盗啦。潘飞急忙赶到酒坊，门锁是被撬开的，屋里被翻得一片狼藉。可蹊跷的是，放在柜子里的2000多元现金和物品并没有动，也没有丢失任何东西，这是何人所为？这个人放着大把的现金不要，到底是在找什么呢？潘飞百思不得其解，于是报了警。

派出所民警随即赶到。警方分析后认为，从现场来看，这个盗贼应该对

酒坊很熟悉，会不会是家贼所为？潘飞回忆说，酒坊被盗前，有个淘米工突然辞职，声称要回老家。可前两天，自己还在村头看见他，会不会就是这个淘米工干的呢？

警方调取了附近路口的监控，果然，看到案发当晚，那个淘米工背着一个包裹，鬼鬼祟祟地朝酒坊方向走，半夜时分又原路返回。警方随即传讯了这个淘米工，淘米工无法自圆其说，只好如实招供，酒坊被盗确实是他所为。那么，这个淘米工放着现金不拿，他到底是在酒坊里找什么呢？这要从一个月前的一次酒宴说起。

那天，潘飞请酒坊工人聚餐，潘飞喝高了，一不小心，就泄露出自家有祖传酒曲配方的秘密。说者无心，听者有意，当时淘米工心里就想，如果能搞到潘家的酒曲秘方，自己就可以当老板发大财。

于是他在辞职后，趁着夜深人静，撬开了酒坊的大门。可是，翻遍了所有的角落，根本没有找到潘飞所说的酒曲秘方。他哪里想到，潘飞根本没把酒曲秘方放在酒坊，而是放在自己的家里。所以，淘米工没能找到秘方。

虚惊一场之后，潘飞就想，怎么做才能防患于未然呢？潘飞苦思冥想，突然，他灵机一动：对了，我可以在家里安装监控呀。想到就做，第二天，潘飞就找来一家网络公司，花钱在家里各个房间隐蔽处安装了微型摄像头，并通过网络跟手机进行连接。

这样一来，潘飞即使不在家，通过手机，也可以随时随地看到家里的动静，监控效果很好，潘飞非常满意。那么，监控的安装到底能不能如他所愿，防止自家的酒曲秘方外泄呢？

让潘飞万万没有想到的是，这年春节，意外就发生了。警方在一桩刑事案件中，通知潘飞协助调查，请他确认一张潘家酒曲秘方的真实性。潘飞一看，不禁傻了眼，千真万确，这正是自家的酒曲秘方。

不可能啊，秘方藏在自己家里，还有监控守护，从来没有人碰过，酒曲秘方是什么时候泄露的？又是谁泄露出去的呢？潘飞是一头雾水。

警方告诉他，案件正在进一步调查，初步证据显示，秘方并非外人偷盗，而是自家人泄露，而这个人，就是潘飞的妻子——秀娟。

什么，秘方是妻子泄露的，她为什么要这样做，她向谁泄露了自家的酒曲秘方呢？秘方泄露的背后，又有着怎样的隐情呢？随着警方调查的深入，真相让潘飞目瞪口呆。

原来，潘飞的妻子秀娟喜欢打麻将，两岁的女儿平时都由保姆王翠花来照顾。秀娟起初觉得，王翠花带孩子还不错。可是有一次，秀娟从外面回来，听见王翠花在家大声训斥孩子。她心里很不是滋味，再加上看到电视上报道保姆虐待孩子的事儿，秀娟愈发担心起来。

怎么才能找到一个省心又省事的好办法呢？当丈夫向她演示手机监控的时候，秀娟一下子觉得找到了完美的解决办法。于是，通过手机监控，她随时可以了解家里保姆的一举一动，只要保姆工作没到位，她都会立刻打电话指出来。保姆王翠花百思不得其解，为什么不在家的女主人，像长了千里眼似的，对自己的行为了如指掌呢？对此，秀娟是笑而不答。

丈夫的酒坊生意兴隆，无须自己为生计奔波，孩子有保姆带，再加上有这个监控神器，秀娟就更加肆无忌惮地在外打麻将了。久而久之，夫妻关系就出现了问题。潘飞没有料到，就在自己忙碌黄酒生意时，有人悄悄摸进了自家的后院，让年轻貌美的妻子渐渐迷失了自我。这又是怎么回事呢？

这天中午，夫妻俩为琐事争吵后，潘飞摔门而去。秀娟在家生了半天闷气，接到好友邀约打麻将的电话后，就换了套衣服来到约定的麻将室里。打到下午四点多时，从外边走进一位帅气的年轻人，先是站着看，之后坐在秀娟的上手位置。几圈打下来，秀娟在年轻人下家连吃带碰，手气好得不得了，连续自摸又大和，秀娟原先的郁闷一扫而光。

临告别的时候，年轻人自我介绍说叫阿良，在县城边上开了一家电脑公司，工作之余，打个小牌是他的最大爱好。啊，你的爱好跟我完全一样啊。秀娟惊喜地说。两人大有相见恨晚之意，随即互相留下了联系方式。

此后，秀娟只要一和丈夫吵架，阿良就会出现，陪她在麻将房里打麻将，秀娟抑郁的心情就变得高兴起来。而且阿良时不时地会送上一些口红、香水、丝巾等小礼物，品牌、颜色和款式全是秀娟特别喜欢的，十分契合她的心意。渐渐地，秀娟把阿良当成了蓝颜知己。

与之对应的是，丈夫潘飞应酬多，每天回家后倒头就睡，夫妻之间从争吵变成冷战。而就在秀娟每每感到伤心失落时，阿良总是恰巧出现，渐渐秀娟的心被打动了。不久后，她在一次半醉半醒中投入了阿良的怀抱。

事后，秀娟对背叛丈夫感到惶惶不安，虽说夫妻现在矛盾很多，但毕竟自己有家室有孩子，和这个比自己小 10 岁的阿良在一起，算个什么事儿呢？万一被丈夫知道，那后果将不堪设想。

秀娟的心思似乎被阿良看透，阿良安慰她："我是真的爱你，你放心，我只会做你背后的护花使者，绝不打扰你的家庭。"

听到阿良这么讲，秀娟不安的心坦然下来。而且阿良说到做到，从来不靠近自己家庭半步。就这样，秀娟跟阿良保持着这种地下情人关系。

此时的秀娟，就跟做梦一样，完全陶醉在阿良的温柔乡里。这个年轻人从哪里来，为何事而来，他又会往哪里去？这些情况都被阿良有意无意地敷衍过去，秀娟也没做深入调查。然而，梦总归是要醒的，半年后的一次意外发现，一下子让秀娟从梦中惊醒。这个意外发现到底是什么呢？

这天下午，保姆王翠花翻看自己的手机，秀娟便凑过去看。这不看不打紧，一看吓一跳，王翠花的手机里竟然有一张阿良的照片。秀娟连忙问："你认识这个人？"

王翠花一愣，反问道："我怎么会不认识，这是我侄儿王强，打小是我把他带大的，怎么，你也认识他？""哦，不不不，我只是随口问问。"秀娟赶紧敷衍过去。

天啊，这是什么情况，秀娟一下子蒙了，这个阿良竟然是自家保姆的侄儿，王强才是他的真名，他为什么要对自己隐姓埋名，他的出现和王翠花之间有着什么样的联系？这一切，是机缘巧合，还是另有阴谋呢？秀娟的心里不由得升起一种莫名的恐惧。

当天晚上，秀娟约出了阿良。一见面，秀娟开门见山地问："王强，你为什么冒充阿良？"

阿良一愣，随后矢口否认。秀娟掏出电话要跟王翠花对质。阿良赶紧拦住她说："好好好，是我不对，我就是王翠花的侄儿王强。我是真心喜欢你，怕你知道我的真实身份，就会跟我保持距离，那样我们之间就无法交往了，我这是迫不得已啊。"

什么？迫不得已？秀娟根本不相信这样的解释，她继续追问："你说，我喜欢的香水、衣服牌子，你是怎么知道的，今天要是不说清楚，咱们就此一刀两断。"

看着咄咄逼人的秀娟，王强感觉这事儿也无法再隐瞒下去，于是，他向秀娟一五一十地和盘托出了事实的真相。

原来，王强有个发小叫杨东良，也是做黄酒生意的。当杨东良听说王强姑妈王翠花在潘家做保姆时，不禁眼睛一亮，他说："兄弟，你要是有办法搞到潘家的酒曲秘方，我赚到钱后，分你三成。"

王强有些心动，于是抱着试试看的心理来到姑妈王翠花家，打探潘家情况。听姑妈说起了在潘家碰到了怪事，自己的一举一动，女主人都知道，这到底是咋回事呢？在网络公司上班的王强，马上意识到王翠花可能被监控了。他心思一动，顿时想到一条妙计。

一个星期后，趁着潘飞和秀娟都不在家，王强来到了潘家找王翠花。他找个理由支开了姑妈，先关掉总电源，让监控器暂停工作。然后，他进屋查看各房间的摄像头，他用衣服遮住摄像头，再接通电源，打开了放在主卧的台式电脑，进行了一系列反监控设置。

就这样，王强在自己的手机和电脑上，对潘家实施了反监控。这下，潘家的一举一动尽在王强的眼皮底下。王强期待着可以通过监控，先确定潘家的酒曲秘方的位置，再想办法搞到配方，换取杨东良的分成。

然而，当王强在监控里看到潘飞的妻子秀娟时，他一下子忘记了盗取秘方的初衷，事情的发展出现了戏剧性的变化。这又是怎么回事呢？

原来，年轻貌美的秀娟在家经常只穿着内衣，在卧室走来走去，在监控那头的王强，一下子被她的风情和性感吸引了，不禁想入非非。

进而，王强又从监控里发现，秀娟的丈夫潘飞常常喝醉晚归，夫妻两人争吵不断，他忍不住想走进秀娟的现实生活，做她的护花使者。于是，他利用监控对秀娟进行研究，研究她的爱好，她的习惯，然后以阿良的身份制造了偶遇。经过步步精心设计，最终和秀娟发展成情人关系。

讲完了这一切，王强向秀娟道歉："对不起，我是真心喜欢你，希望你能原谅我的所作所为。"

秀娟这才知道，这个所谓的阿良，原来是冲着自家酒曲秘方来的，而且心机如此深沉。秀娟的心里充满恐惧，她坚决地提出分手："我们不可能在一起了，你这个骗子。"王强不停地打电话、发短信道歉，希望重归于好，秀娟均置之不理。

秀娟还把家里的摄像头都关掉了。为了彻底摆脱王强，她找了个借口，辞退了保姆王翠花，在她心里，希望断绝一切和王强有关的人和事，她戒掉了麻将，待在家里照顾孩子，陪伴丈夫，她希望回归家庭。可是，王强能够善罢甘休吗？秀娟能否如愿重新过上平静的生活呢？

转眼就进入寒冬腊月，天气越来越冷。这天，秀娟正在家煮饭，突然响起了敲门声，她一开门，王强站在门口，说："你好狠心，不见我就罢了，还把我姑妈辞退了，错误在我，关她什么事儿？"

"你赶紧走，我不想再见你！"秀娟怕被人看见，不想解释，直接把王强往门外推。

"好，秀娟，没想到你这样无情无义，我给你看样东西。"说着，王强掏出手机，打开一段视频给她看。天啊，这是一段两人的不雅视频，肯定是王强偷偷录制的。秀娟惊慌失措："你到底想干什么？"

"不干什么。"王强压低声音说。"既然我得不到你的人，拿到潘家酒曲秘方也是好的，只要你把秘方给我，咱们从此井水不犯河水。"什么，王强竟然想要酒曲秘方？这秘方可是家里的传家宝贝，秀娟连连摇头。

"你不同意，那这个视频我就发给你丈夫，让他好好欣赏。"王强的话让秀娟眼前一黑，这分明是拿视频要挟、讹诈自己啊！

秀娟无奈地说："我只是个家庭主妇，不知道什么酒曲秘方，求求你放过我。"

可是王强根本不理睬秀娟的哀求。"我想，你一定会有办法，我给你三天时间，如果搞不来秘方，你丈夫就会收到视频。"说完，王强扬长而去。

秀娟又惊又怕，三天后，如果王强拿不到酒曲秘方，自己的丑事就会败露，家庭肯定就此破裂，最终落得个夫离子散。在极度的精神压力下，秀娟决定，偷拍下酒曲秘方，发给王强。

这天趁着潘飞喝醉，秀娟从丈夫包里找到钥匙，打开衣柜里特制的暗盒，找出酒曲秘方，迅速用手机拍照后放回原位。第二天，看酒醉的丈夫没有任何察觉，秀娟才将照片用手机发给了王强。

得到配方的王强欣喜若狂，他立刻找到杨东良，两人签订合作协议，王强提供秘方，人工、材料由杨东良负责，赚钱后，王强分得利润的三成。

此时刚进腊月，黄酒销售迎来旺季，杨东良立即组织人马和原材料，准备甩开膀子大干一场。那么，有了潘家的酒曲秘方，杨东良能否酿造出上等黄酒呢？王强又能否如愿拿到说好的分成呢？

十天后，王强没有等到杨东良的好消息，反而被杨东良一顿臭骂："好你个王强，竟然拿着假配方来骗我！""什么，酒曲秘方是假的，这怎么可能？"王强一下子蒙了。

原来，杨东良按照潘家的酒曲秘方，做出几十缸黄酒，发现黄酒颜色还不错，可甜度不够，有些泛酸，这可是黄酒的大忌。看着几十口大缸的酸黄酒，杨东良怀疑这配方根本就是假的，于是找到王强兴师问罪。

可王强一口咬定："秘方绝对是真的，一定是你做酒的工艺有问题。"两人相互指责埋怨，最终不欢而散。

王强气呼呼地走了。可杨东良这边傻眼了，原材料、人力、财力都投了进去，几十缸的酸黄酒卖不出去，这年关前的工资、借款可怎么办呢？杨东良思来想去，最后他向黄酒中添加了糖精钠来增加甜度，然后对外低价批发销售，处理了这几十缸黄酒，算是勉强保住了本钱。

可是，有人喝了杨东良销售的黄酒后，产生了恶心、呕吐等不良反应，于是向工商部门进行了举报，经过技术检验，发现黄酒中含有糖精钠，属于有毒有害食品，工商部门认为案件涉嫌刑事犯罪，将其移交公安机关处理。

警方顺藤摸瓜，最终查出潘家酒曲配方被盗的真相。潘飞听后又惊又气，他怎么也想不到，妻子竟然背着自己做出这种事，他一怒之下，提出离婚。秀娟痛哭流涕，向丈夫道歉，请求原谅。潘飞犹豫不决，最后考虑到，妻子的迷失，自己也有责任，再说，眼看着就要过年了，他也不忍心拆散这个家庭，于是最终选择了原谅。

检察机关依法对杨东良提起了公诉，那么杨东良触犯的是什么罪名呢?

我国刑法第144条规定，在生产、销售的食品中掺入有毒、有害的非食品原料的，或者销售明知掺有有毒、有害的非食品原料的食品的，构成生产、销售有毒、有害食品罪。

糖精钠是一种有机化工合成产品，白色粉末状，味道浓甜，以前作为食品添加剂“甜味剂”使用。国家《食品添加剂使用标准》严禁在面包、糕点、饼干、饮料等食品中使用糖精钠。本案中，杨东良在酿造黄酒过程中，违反国家禁止性规定添加糖精钠，致使其生产销售的黄酒属于有毒有害食品。

法院最终认定，杨东良构成生产、销售有毒、有害食品罪，判处有期徒刑六个月，缓期一年执行，罚金8000元，并处没收全部违法所得，同时禁止杨东良在一年内从事食品加工、销售活动。

杨东良的行为受到法律严惩，是罪有应得，那作为合伙人的王强该如何承担法律责任呢？经过调查，王强确实没有参与黄酒的生产和销售，但是，他恶意监控偷窥、偷拍他人隐私的行为，触犯了《中华人民共和国治安管理处罚法》，被警方处以拘留5天，罚款500元的行政处罚。

案件结束了，有人好奇地问：杨东良拿到潘家的酒曲秘方，为什么酿造不出好酒呢？潘飞对此作出了解释：自家的黄酒有独到的制作工艺，仅有酒曲配方，没有特有工艺流程以及相适宜的温度控制，也是不可能酿出优质黄酒的。

之后，在当地政府的建议和帮助下，潘飞对自家黄酒进行了商标注册，并且申请了酒曲和生产工艺的专利保护，潘家黄酒真正成为当地一个响亮的品牌。

律师评点>>>

货财声色，功名官爵，皆谓之欲，俱可以杀身。

案例中的女主人公秀娟，掉进王强精心设计的诱惑圈套，差一点儿毁掉了丈夫的事业，葬送了自己的家庭，究其根源，皆为色欲。王强情场失意后，伙同杨东良盗得黄酒秘方。为了挽回损失，杨东良不惜添加有毒有害的非食品原料，最终触犯刑律，究其根源，皆为财欲。

君子爱财，取之有道。这个“道”是道义之道，仁义之道，是有原则的“道”，那就是有些不义之财，是无论如何也不能要、不能拿、不能取、不能挣的。挣钱必须要靠自己的辛勤劳动和汗水，一定要遵守国法党纪，符合道德伦常，不能违背良心。只有合法、合规、合理、合情挣来的钱，才是“有道之财”，我们才睡得踏实，花得坦然。

无论是市场经济，还是家庭生活，每个人都要坚守法律和道德的底线，才能避免滑向违法和犯罪的深渊。

烧香求子丢姻缘

关键词　离婚后发现的隐匿财产的分割

案例故事>>>

2016年的春节，中部某市的一座道观里，到处都是前来祈福的香客和游人。突然，一个年轻男子抱着小孩冲出道观，丝毫不理会身后一个男人撕扯着一个女子。男人愤怒得涨红着脸说："你说，那个人是谁，你们是不是早就好上了？"女子也不甘示弱："我俩都离婚了，我跟谁在一起，和你无关，你少管闲事。"

听这话，两人是一对离异夫妻。他们为什么会离婚，那个抱小孩离开的年轻男子又是谁，他和夫妻俩的离婚有什么关系吗？本案要从这对离异夫妻的最初相识说起。

那是在2008年，大学毕业后的杨浩，应聘到一家汽车公司做市场专员，和店里做售后专员的沈梅相识。沈梅身材高挑，容貌秀丽。杨浩一见倾心，主动对沈梅展开追求。经过一年的恋爱，两人在亲朋好友的见证下结了婚。

结婚之初，杨浩觉得，年轻人应该以事业为重，和妻子商议暂时不要孩子。后来，杨浩由于工作成绩突出，被提拔为市场部主管，他把赚来的钱都交给妻子保管。沈梅勤俭持家，把这些钱都存了起来。转眼结婚三年了，夫妻俩商量生个宝宝。

因为杨浩是独子，夫妻俩就希望能生个儿子。这时有人出主意，听说邻近有个道场特别灵验，只要新年去烧头香，许下的愿望就一定能实现。于是夫妻俩商量，大年初一去道观烧头香，祈福生子。

可就在春节前夕，杨浩接到公司的出国通知，沈梅只得自己上了一趟山，求子许愿。杨浩这一走就是小半年，回国以后，夫妻俩才又团聚，享受起美好的二人世界，不久妻子就怀孕了。

第二年，妻子顺利生了一个大胖小子，杨浩高兴地给儿子取名胖胖，孩子一天天长大。一年后，杨浩被提升为市场部主任，工作比以前更忙了。但烦心事儿也随之发生了，给杨浩的生活和工作造成巨大的影响。

原来，孩子一岁多的时候，不知从哪天起，妻子沈梅突然好像变了一个人，她一改往日的安静贤惠，三天两头因各种琐事跟杨浩争吵，吵完架，沈梅不是回娘家就是分居冷战。妻子的反常让杨浩百思不得其解，好端端的，妻子怎么突然变成了这样？更让他始料未及的是，两个月后，妻子竟然向他提出离婚。

杨浩努力和妻子沟通，妻子却完全不予理会。在一次又一次的争吵后，杨浩心灰意冷，既然这样，不如好合好散吧。2015年年底，两人办了协议离婚手续，婚后财产平分，孩子随沈梅生活，杨浩每月支付抚养费。

2016年春节前，有朋友告诉杨浩，快过年了，这附近山上的道场旁有个转运殿，据说新年第一天，到转运殿里转一圈，新年就会走好运。

反正闲来无事，杨浩抱着放松身心的想法，大年初一一大早就来到山上。当他从转运殿出来时，突然，他看到一个熟悉的身影正在道观前烧香，这不是自己的前妻沈梅吗。而她的身边，还有一个年轻男人。年轻人的怀里抱着的正是自己的儿子胖胖。

大年初一一起烧香，可见前妻和这个人的关系不一般，怎么回事？这离婚还不到两个月，就和别的男人好上啦？杨浩心里有一种预感，难道说，自己为这个家在外奔波劳碌时，妻子背地里和这个人产生了婚外情，最终抛弃了自己？

想到这里，杨浩怒从心头起，他冲上前去拉住沈梅理论。于是就出现了案例开头的那一幕。

然而，沈梅根本不承认，年轻男人更是在众人的指指点点中迅速溜走。这让杨浩心里更加坚定了自己的判断，年轻男人一看到自己就跑掉，肯定是做贼心虚。他决定，一定要搞清事实真相。

从此以后，他开始对沈梅暗地进行调查。他了解到，大年初一和妻子一起烧香的年轻人，名叫李建，在市内一家房地产中介公司担任部门经理，沈梅离婚后，很快和他住在了一起。而且，这个李建竟然和自己的儿子胖胖长相十分相似。杨浩的心里不由得升起一种不祥的预感，难道说，儿子胖胖并不是自己亲生的，而是……杨浩不敢再想下去，他决定，尽快搞清胖胖的身世。

杨浩趁着探视孩子，悄悄收集了儿子胖胖的毛发，做了亲子鉴定。鉴定报告出来了，杨浩目瞪口呆，孩子果然不是自己亲生的。

拿到报告的杨浩如梦方醒，悲愤交加，他终于明白，沈梅突然变脸要离婚的真实原因——沈梅知道，孩子这事儿纸包不住火，迟早会被自己发现，所以要赶在丑事败露前，主动了断此事。

可是，事情是不是这么简单呢？除了孩子问题，沈梅和李建之间还有什么自己不知道的秘密呢？杨浩觉得必须要顺藤摸瓜，把事情查个水落石出。

于是，杨浩聘请律师对沈梅和李建的情况进行了深入调查，这不查不知道，一查吓一跳，妻子沈梅竟然是一个隐形富婆，名下有多达100多万元的存款，自己完全不知情。天啊，妻子一个月的工资只有3000多元，她哪来这么多钱？自己作为朝夕相处的丈夫，竟然被蒙在鼓里，这究竟是怎么回事？

杨浩怒火中烧，拿着亲子鉴定报告单和财产调查表，上门找到沈梅兴师问罪："好你个沈梅，没想到你是这样的女人，孩子不是我的，财产你全部隐瞒，你骗得我好苦啊，你老实交代，这到底是怎么回事？"

面对如山的铁证，沈梅只好如实讲述了离婚背后的隐情。事情的发生，还得从两年前杨浩出国，沈梅正月初一烧香祈福说起。

那一年，杨浩因公出国后，沈梅在新春一大早，独自为求子前往道场烧香祈福。然而，当她赶到山门时，前来烧香的香客已经挤成了一团。沈梅正在着急的时候，队伍前头有人叫她的名字，她定睛一看，竟然是自己多年不见的儿时伙伴李建。

李建赶紧叫她过来，插队站在自己的前面，不一会儿，门一打开，沈梅冲在人群前头，抢得了头炷香，在心底许下了新年愿望。

烧完香，两人一同下山。一路上，两人结伴而行，谈起了各自的生活。李建告诉沈梅，自己毕业后就进入房产行业，在市内一家大型房屋中介担任业务经理，由于工作忙，还一直单身。

一边走着，李建聊起了近几年的房地产走势，预言房价会持续上升，未来投资房产是赚钱的选择。听着李建的分析，沈梅不禁心里痒痒的，想着自己这几年存下的一笔钱，正不知做什么投资好，要是能买到合适的投资房产，这比存在银行划算多了。

沈梅把自己的想法告诉了李建。没问题，这事儿包我身上。李建满口答应，两人相互留下了联系方式。

一个月后，在李建的建议下，沈梅购买了一套二手房，并在李建的全程协助下，办理了房屋过户手续。但是沈梅不敢将此事告诉杨浩，她担心丈夫会责备自己擅作主张，等房价涨了，赚钱了再说也不迟。

三个月后，在李建的帮助下，沈梅将那套二手房卖了出去，转手赚了10万元。看着银行卡上多出的10万元，沈梅激动不已。李建建议，立即出手买入他看中的一处学区房。沈梅没有犹豫，又凑了些钱买入这处房产，等这套房子升值一出手，到那个时候，丈夫肯定会对自己刮目相看。

周末到了，为了感谢李建，沈梅特地请他吃饭，拿出5000元感谢他的帮忙。李建却拒绝了，说自己不是为了钱才帮忙，而是真心把沈梅当朋友看待。当晚，两人边吃边聊，喝了不少酒。沈梅忍不住诉起苦来，说起自己和丈夫聚少离多的寂寞生活。当晚，在酒精的作用下，沈梅和李建两人鬼使神差地去了酒店。

早上醒来后，两人都觉得很尴尬。李建对沈梅说：“其实我一直很喜欢你，昨天是我喝醉了，对不起，任凭你处罚。”听李建这么一说，沈梅的心软了，有李建这么一个能陪伴自己，还能帮忙赚钱的情人，有什么不好呢？

但一想到杨浩在外辛苦打拼，沈梅心里又深感愧疚。

半个月后，丈夫杨浩从国外回来，和沈梅一起去了海南度假。度假回来后没多久，沈梅就发现自己怀孕了，心里是既高兴又担心，高兴的是自己终于要当妈妈了，担心的是，自己和李建也有过肌肤之亲，会不会是……她再算算时间，沈梅否定了自己的想法，于是将怀孕的事告诉了丈夫。

沈梅觉得自己都是要当妈妈的人了，再和李建不清不楚，实在是不像话，于是她委婉地向李建提出分手。李建并没有强求，只是希望两人能够继续做朋友，沈梅默默地点了点头。

之后，在沈梅怀孕期间，楼市果然如李建所言大涨。沈梅在李建的帮助下，将那套二手房卖了出去，转手又赚了 40 万元。

怀孕后，沈梅就辞掉了工作，专心在家养胎。她希望丈夫能多陪陪自己。可杨浩总是说，以后养孩子处处要花钱，你又没了工作，我现在赚钱才是最重要的。

转眼又是春节，这一年，自己怀上了宝宝，还挣了 50 万元，沈梅觉得，这都是烧香祈愿得来的好福气。她很想去烧香还愿，可山路颠簸，而自己又有孕在身，实在不方便。李建知道沈梅的心思后，主动提出帮她烧香还愿，沈梅心里很感动。李建似乎看出了沈梅的心思，又一次发动了情感攻势。一边是丈夫忙于工作，冷落自己；另一边是李建的殷勤周到，温柔体贴。沈梅控制不住自己，再次沦陷在婚外情的旋涡里。

生下儿子胖胖后，沈梅感觉抚养孩子费用开支巨大，于是，她请李建帮她又投资了两处房产，一年多下来，竟然又赚了 60 万元。沈梅瞒着丈夫，新办了一张银行卡，把赚来的 100 余万元都存在卡里。

此时的沈梅，丈夫事业有成，孩子活泼可爱，还有情人帮衬自己炒房挣钱，这小日子过得那叫一个舒坦。然而，就在这个时候，一件让她极为尴尬的事情发生了。这又是怎么回事呢？

她发现，孩子胖胖怎么越长越不像丈夫杨浩，反而像情人李建，不会是自己弄错了吧，难道这孩子不是丈夫的？沈梅不敢想下去，她决定悄悄做亲子鉴定，弄清胖胖的身世。

沈梅收集了丈夫和儿子的毛发，悄悄做了亲子鉴定。一个星期后，沈梅拿到了报告单，不出所料，杨浩果然不是孩子的亲生父亲。

天啊，怎么会这样，看到报告的沈梅头“嗡”的一下子大了，事不宜迟，沈梅立即找到李建。

得知消息的李建目瞪口呆，什么，胖胖可能是我的孩子？这种事情可不能开玩笑。在沈梅的请求下，李建和胖胖做了亲子鉴定，鉴定结果显示，两人确实是生物学上的父子关系。

这可咋整啊，孩子不是杨浩的亲生儿子，这事儿早晚会露馅，沈梅是一脸的愁容。李建安慰她，其实，我早就想让你离婚嫁给我，但一直没有勇气张口，如今既然我才是孩子亲爹，那你这婚迟早都得离，趁着你丈夫还不知道，赶紧办离婚，咱俩一起生活。

沈梅陷入了极度矛盾纠结中，虽说丈夫对自己不错，可作为男人，一旦知道事实真相，后果可想而知。李建说的不是没有道理，与其等真相败露后被扫地出门，不如早作打算。事到如今，也只有如此了。

打定主意后，沈梅将炒房赚到的100多万元钱都转到李建名下，然后，借故跟丈夫吵架闹离婚。离婚后，沈梅为防止前夫杨浩起疑心，没有立刻和李建结婚，打算等春节以后风头过去，再办理结婚手续。

春节很快就到了，沈梅和李建商量，两人再上山烧香许愿，祈求杨浩永远不知道秘密，自己一家三口和和美美。可没承想，在烧香祈福的时候，偏偏就碰上了杨浩，这引起了杨浩的怀疑，最终导致真相全部败露。

“杨浩，对不起，我真的没有想到，事情会变成这样！”沈梅请求杨浩原谅。可是，作为一个男人，杨浩根本无法接受前妻出轨生子、隐匿财产的真相。“你，你这个坏女人，这事我跟你没完，咱们走着瞧。”说罢，杨浩气急败坏地摔门而去。那么，杨浩究竟会如何处理他和前妻之间的恩怨情仇呢？

三天后，杨浩在律师的帮助下，一纸诉状把沈梅和李建告到了法院，杨浩在诉状中说，沈梅婚内出轨，与李建生孩子并隐瞒真相，离婚时藏匿、转移夫妻共同财产，离婚后，他发现沈梅欺骗了自己，他要求分割婚内共同财产，同时，沈梅和李建应当连带赔偿孩子抚养费，以及精神损害赔偿金50万元。

杨浩等待着庭审的那一天，他期待法庭能给自己一个公正的判决。然而，让他万万没有想到的是，法院告诉他，李建如今下落不明，传票无法送达。什么，下落不明？李建是不是故意躲藏起来，还是出了什么事情？

原来，法院的传票送到沈梅手里时，看到杨浩的诉状，沈梅惊慌失措，李建安慰沈梅不要着急，自己会慢慢想办法。

第二天，李建说，今天我到道场去烧灶香，祈求咱们逢凶化吉，遇难呈祥。可是，第二天直到夜里，沈梅也没等到李建的归来，手机也一直无人接听。

警方经过调查发现，李建并没有走远，而是躲在邻市自己的老家县城。在他出发前，他的账户确实转出过一笔100万元的巨款。面对警方的询问，他是如何交代的呢？

李建说，一开始，李建帮沈梅炒房，确实是出于对沈梅的好感，以至于后来和沈梅发生了婚外情。当他得知胖胖是其亲生儿子时，劝说沈梅离婚，嫁给自己，本以为是财色双收的好事。没想到，两人同居以后，李建发现，沈梅性格过于强势，并不好相处，孩子胖胖跟自己也不亲近。李建心里暗生悔意。

正在这个时候，杨浩又把他和沈梅起诉到法院，要求讨回沈梅隐藏的财产，还要自己支付抚养费和精神赔偿。李建左右为难，和沈梅婚外生子的事情毕竟不光彩，铁证如山，自己实在是没脸上法庭。可是，如果自己不去，杨浩找上门，自己又该如何面对呢？思来想去，李建决定，让沈梅自己去面对前夫吧，我先躲起来看看情况再说。

而面对沈梅说他卷款跑路的指责，他又是如何解释的呢？李建说了，这钱，是我和沈梅共同炒房所得，我是孩子爸爸，和沈梅就是一家人，不存在卷款逃走的事儿。

问题来了，杨浩说这是夫妻共同财产，李建又说这钱是他和沈梅共同所有，那么这钱到底归谁呢？警方也没法作出判断，于是，建议各方通过民事诉讼途径解决。

听说李建也跑出来争财产，杨浩立即申请法院保全了李建账户里的100万元存款。开庭的那一天，李建并没有到庭，沈梅向法官说，这些钱跟李建无关，也不是夫妻共同财产，其实都是我个人的钱，是前几年我自己炒房赚来的，丈夫杨浩既不知情也没有参与，根本不算夫妻共同财产。再说，这么多年，杨浩只知道工作，不仅没有尽到一个丈夫的责任，更没有尽到一个父亲的义务，请求驳回杨浩的诉讼请求。

那么，这100万元到底归谁所有呢？杨浩、李建和沈梅，这三个人谁说的有道理呢？

夫妻共同财产，是夫妻关系存续期间夫妻所共同拥有的财产，夫妻对共同所有的财产，有平等的处理权。夫妻一方对夫妻存续期间的财产的处分，需征得配偶的同意。

《中华人民共和国婚姻法》规定，离婚时，一方隐藏、转移、变卖、毁损夫妻共同财产，或伪造债务企图侵占另一方财产的，分割夫妻共同财产时，对隐藏、转移、变卖、毁损夫妻共同财产或伪造债务的一方，可以少分或不分。离婚后，另一方发现有上述行为的，可以向人民法院提起诉讼，请求再次分割夫妻共同财产。

法院经过审理后认为，沈梅婚内炒房，李建没有实际出资，只是提供信息和服务，他和沈梅之间也没有达成过合伙炒房营利的合意，所以，这100万元和李建没有关系。

丈夫杨浩虽然不知情没参与，但这属于夫妻关系存续期间取得的财产，应当属于夫妻共同财产。在离婚前，沈梅故意隐藏并转移了应当分割的财产，杨浩在离婚以后发现了，有权申请人民法院再次分割。

最后，在法官主持下，沈梅承认了自己的错误，双方达成调解协议，沈梅支付杨浩现金70万元，杨浩放弃了其他诉讼请求。沈梅也认清了情人的真面目，案件结束后，她与李建分手，独自带着孩子离开这座伤心的城市，重新开始新的生活。

律师评点>>>

诚然，欲望可以使人得到欢乐和幸福，但这欢乐、幸福的背后却是苦难。乐极是要生悲的，欲望实现之后，往往也免不了灾难。

烧香祈福是中华民族的文化传统，寄托人们对美好生活的向往，本来无可厚非。然而，案例当中的沈梅和李建，私底下做着违反道德、违反法律的事情，却寄希望于神仙保佑，不被丈夫发现、察觉，这就完全是封建迷信思想在作怪。

常言道：要想人不知，除非己莫为。坦坦荡荡做事，清清白白做人，才是为人处世的最高准则。

一错再错

关键词 诈骗罪和敲诈勒索罪的区别

案例故事>>>

2013 年 8 月的一天深夜，幸福大酒店已经打烊，但 203 包房里依然亮着灯，一个中年男人把一个黑色袋子，递到对面一个年轻人手上。说："兄弟，这 5 万元你先拿着，杀了海月那个女人，我再给你 15 万元。"年轻人犹豫了一下，接过了钱，信誓旦旦地说："大哥，那咱可就一言为定。你放心，这事肯定给你办漂亮！"说完，两人嘀嘀咕咕地商量起杀人的细节来。

他们提到的海月是谁？这个中年男人为什么要拿 20 万元，找人杀掉她呢？这要从这个叫孙伟成的中年男人说起。

2010 年春节刚过，孙伟成被提拔任命为公司副董事长，妻子也随之调任到一家事业单位，加上儿子乖巧可爱，此时的孙伟成，可谓是一帆风顺，春风得意。

可是，烦恼来了。这年夏天，孙伟成的妻子因病入院，其间，孙伟成认识了妻子的管床护士海月。海月 21 岁，身材高挑，皮肤白嫩，长着一双会说话的大眼睛。交谈中，孙伟成得知海月是自己老乡，卫校毕业后，来到省城应聘在医院工作。有了这层老乡关系，海月对孙伟成妻子护理得格外用心。一个月后，妻子康复出院了，临走时，心存感激的孙伟成告诉海月，以后有什么困难，尽管来找他这个老乡帮忙。

大概过了两个月，这天，孙伟成正在办公室忙着批阅文件，海月意外地找上了门。海月告诉他，医院正在搞人员精减分流，自己在省城举目无亲，肯定是被辞退的对象，而弟弟的学费全靠自己。她可怜巴巴地哀求道：李大哥，我不想弟弟因为我辍学，你可不可以帮帮我？

看到海月急得眼泪汪汪，孙伟成告诉她："不要着急，你先回去，我来想想办法。"之后，孙伟成通过朋友找到了医院人事部，在他的运作下，事情有了转机。

一个星期后，孙伟成在出差途中，接到了海月的电话："李大哥，医院正式和我签订了聘用合同，这个周末我下厨给你炒两个家乡菜，当面感谢，请李大哥赏光。"海月的诚意打动了孙伟成，他答应了海月的邀请。

周末的中午，孙伟成来到了海月租住的房屋。海月精心准备了几个家乡特色菜，特意开了一瓶好酒，和孙伟成边吃边聊，他的奋斗经历，听得海月瞪大了眼睛，露出仰慕甚至崇拜的神情，让孙伟成感到得意，不知不觉中就喝多了。当海月扶他到床上休息时，醉意朦胧的孙伟成闻到了海月身体青春的气息，冲动的他一下子搂住了海月。海月早就喜欢上了成熟稳重的孙伟成，在半推半就中，她躺进了孙伟成的怀里。

就这样，海月成了孙伟成的秘密情人，人到中年的他在海月身上找回了青春，迷恋之余也产生了担心，这个海月会不会就此缠上自己？乖巧的海月似乎看出了他的心思，她善解人意地说："李大哥，你是我全家的大恩人，能和你在一起，是我做梦都盼不到的福分，放心吧，只要你开心就好。"

海月说得孙伟成心里暖烘烘的，也让他吃了颗定心丸，但也觉得对不住她。为了补偿海月，什么好吃好喝的，穿的戴的用的，他尽量满足海月。可是，问题来了，孙伟成这点工资很快显得捉襟见肘，怎么办呢？

为了讨情人开心，身为副董事长的他，把手伸向了自己分管的基建工程，开始收受承包商送来的贿赂。手上有了钱，孙伟成租下了一套条件不错的两居室，方便和情人幽会。在海月生日时，还送上了一辆代步的小轿车。顺风顺水的事业，如花似玉的情人，孙伟成就这样过着家外有家的风流日子。

可是，孙伟成也感到不踏实，他在想，这种不道德的幸福，究竟能持续多久呢？果然，随后发生的一件事，让孙伟成的生活急转直下。这是怎么回事呢？

2013年春天，海月再次意外怀孕了。医生告诉她，你两年间已经流产三次，如果再行手术，可能会导致终身不育，建议你保留这个孩子。

海月把这个消息告诉了孙伟成："我想生下这个孩子，自己把他带大。""什么？生下孩子？绝对不行。"孙伟成听后断然拒绝："你赶紧去把孩子做了。"

孙伟成冷冰冰的回答，让海月很委屈，她不明白，孙伟成为什么这么坚决反对。而孙伟成心里清楚，自己只是图个风流快活，婚外生子这种事儿，那是万万不行的。于是，在孙伟成的威逼利诱下，海月最终打掉了孩子。

自打这次手术以后，海月的态度就开始发生变化，她开始缠着孙伟成，要他天天陪着自己，还要求他在自己这里过夜。孙伟成左右为难，两人间的矛盾逐渐升级。海月一不做二不休，逼迫孙伟成离婚，给自己一个名分。孙伟成当然不同意，他苦口婆心，耐心劝导，可海月根本不听。

事情越闹越僵，孙伟成担心再这样纠缠下去，自己的这段婚外情，迟早会被妻子和单位知道，到那个时候就不好收拾了。于是，孙伟成提出，两人好合好散。海月听了就来气：想分手，我的青春搭在你手里，为你流产四次，害得我连母亲都做不成，想抬脚走人，没那么容易。

孙伟成见海月态度坚决，觉得硬的不行，只能来软的："海月，毕竟我们好过一场，我是不可能离婚的，要不，你说个数，算是我对你的补偿。"

"补偿，好啊，你给我100万元，我给你一个星期时间，否则，我把你那些见不得人的事情，都捅到公司去。"海月威胁说。

一个星期很快就到了，孙伟成只筹到了30万元，他请求海月再宽限一段时间。没想到，海月拿出一个U盘对他说："再给你五天时间，否则，我就把这个寄到你们公司去。孙伟成打开U盘一看，里面竟然是自己和海月的不雅视频。孙伟成精神几乎崩溃，这事要是闹大了，说不定就会牵涉出那些收受贿赂的真相，等待他的，将是家庭破裂和牢狱之灾。一时之间，他不敢再往下想。

可是，5 天时间，根本不可能筹到 70 万元，怎么办呢？在他的脑海里，一个罪恶的念头浮现出来：只有让海月彻底消失，自己的事业和家庭才不会有危险。

可是，他身为公司副董事长，不可能亲自动手，怎么办呢？对，找一个人去除掉海月，才是万全之计。很快，孙伟成在自己的社会关系中，物色了一个合适的人选——杨建龙。

杨建龙是孙伟成的一个江湖小兄弟，早年犯了些事，是孙伟成出面帮他打点，最终免去牢狱之灾，孙伟成介绍他在当地幸福大酒店当厨师，前不久，杨建龙因为打牌欠下 20 万元赌债，正在为钱的事情发愁。

这天晚上，酒店下班后，孙伟成找到杨建龙，说明了来意。一听说要自己杀人，杨建龙头摇得像拨浪鼓：不行，我可不干。孙伟成早有准备，他拿出了装着 5 万元的黑袋子。杨建龙急着用钱去还赌债，只得点头答应。这才有了案例开头的那一幕。

孙伟成拍拍杨建龙的肩膀说："放心吧，我都计划好了，不会有人知道的。"那么，等待海月的，究竟是一场什么样的罪恶计划呢？

周三的下午，孙伟成带着杨建龙，来到和海月常去的西郊野山。到了一个偏僻山谷旁，孙伟成指着下面深不见底的悬崖对杨建龙说："后天，也就是周五的下午，我会约海月在这里见面，你提前埋伏在这块大石头背后，趁她不注意，你直接把她推下去就行了。山崖下没人去，即使被发现，也只能算一不小心，坠崖身亡。"

周五上午，孙伟成拨通了海月电话："你要的 100 万元我准备好了，下午三点，西郊老地方见。到时我会拿银行卡和密码换你手上的视频，我们不见不散。"

打完电话，孙伟成陷入焦急的等待中，杨建龙究竟能不能完成自己的灭口计划呢？

下午三点，孙伟成接到杨建龙的电话，电话中，杨建龙再次确认计划的实施。孙伟成告诉他："海月不死，就是我亡。杀了她，今后我对你有求必应。"

晚上八点半，孙伟成终于等到了归来的杨建龙："大哥，事情办完了。""办完啦，照片呢，给我看看？"孙伟成留着个心眼，杨建龙拿出手机，给孙伟成看了海月独自等待的背影，以及海月背包掉下山崖的照片。

孙伟成问："怎么没有她掉下去的照片？"杨建龙指着自己身上的伤痕解释说："大哥，我太紧张了，等我拍的时候，她已经掉下去了。你看，我推她时，被她抓伤了手臂。我检查了现场，没有留下痕迹，放心吧。"听到这儿，孙伟成满意地点了点头。

果真，从此以后，海月再也没有在孙伟成的生活中出现过。更为重要的是，海月的消失，警方那边也没有什么动静。时间一长，孙伟成悬着的心逐渐放进了肚子里，生活恢复了平静。

然而，事情可没有这么简单，让孙伟成没想到的是，海月的麻烦刚刚解决，一个更大的麻烦找上了门，这一次不是别人，正是为自己解决麻烦的杨建龙。这又是怎么回事呢？

2013 年 10 月的一天，杨建龙打来电话："大哥，我父亲住院做手术需要钱，能借给我 5 万元吗？"孙伟成本来不想给，可又觉得欠着杨建龙一个大人情，就给他拿了 5 万元。

可是，没过几天，他又接到杨建龙的电话："大哥，我打牌输了 10 万元，你再帮帮我吧。"孙伟成没想到，杨建龙竟然还在赌博，杨建龙指天发誓一定戒赌。无奈的孙伟成又给了他 10 万元。

不料，半个月后，杨建龙再次找上门来："钱被我又输光了，债主说三天以内，不拿出 20 万元，就要我的小命，大哥再帮帮我吧。"孙伟成非常生气，当场拒绝了他。杨建龙一下子变了脸："你可说过，对我有求必应的，这手机里的录音，要不要我放给你听一听？"杨建龙说完摇了摇手机，转身离开了。

杨建龙走了，孙伟成气得浑身哆嗦，这个杨建龙竟然用手机录了音。他越想越害怕，如果不满足他，自己雇凶杀人的事实就会大白于天下。事情到了这个地步，只能选择破财免灾了，他悄悄地从自己掌管的公司小金库里取了20万元，交给了杨建龙。

经过这一番折腾，孙伟成开始坐卧不安，晚上噩梦不断。然而，真的是怕什么来什么，杨建龙再次不请自来，这次，竟然大大咧咧地坐进了孙伟成的办公室："大哥，我想开个饭店，需要30万元，只好找你这个董事长帮忙了。"

孙伟成的头"嗡"的一下就大了，杨建龙的胃口越来越大，一张口就要30万元！孙伟成表示，自己真的没钱了。"没钱，那我现在就去找你的上司，好像他的办公室，就在你旁边吧？"杨建龙说着拿起手机向外走。吓得孙伟成赶紧拦住他说："兄弟，你冷静点，30万元不是小数目，你总得容我想想办法吧。"

"好，我想你一定会有办法的。"杨建龙诡异地笑着离开了。

杨建龙走后，孙伟成狠狠地打了自己两个耳光，早知如此，何必当初，然而他已没有了退路。三天后，他从小金库里再次取出了30万元，交给了杨建龙。

杨建龙拿到钱后，一个月没有再找孙伟成，转眼快过春节了，孙伟成琢磨着假期带妻子和孩子出去散散心。突然，手机响了。一看号码，孙伟成惊出了一身冷汗：又是杨建龙。这次，他以买房结婚为由，再次向他索要50万元。

孙伟成简直要被气疯了："你小子太过分了！我一分钱也不会给你了，把我逼急了，我就去自首，到时，你也别想活。"杨建龙哈哈大笑起来："我怕什么啊，可你，是堂堂副董事长啊。"

听到这话，孙伟成一下子跌坐在椅子上。前几天，上级集团总部刚找自己谈过话，公司董事长马上要退休了，总部有意让他接替董事长的位置。关键时刻可不能掉链子。孙伟成狠狠心，可是，小金库的钱不能再动了，怎么办呢？孙伟成找来承建工程的老板，借了50万元交给杨建龙。就这样，短短几个月，杨建龙就从孙伟成这里拿走了100多万元。

这一下，孙伟成没有心情去旅游了。春节前送走妻儿后，他一个人在江边公园闲逛。突然，迎面走来一男一女，亲密地手挽着手，孙伟成一看，男的正是杨建龙。他正想低头躲开时，杨建龙身边的女孩，让他一下子呆住了，天啊，居然是自己的旧情人海月。

海月不是已经死了吗？她怎么会和杨建龙在一起呢？孙伟成定了定神，上前拦住两个人："杨建龙，你是不是给我介绍一下身旁这位朋友啊？"杨建龙看到孙伟成惊慌失措："大哥，我们找个地方说话。"三个人来到公园的僻静处，孙伟成愤怒地指责杨建龙："你不是说已经杀了她吗？她怎么还活着？"

面对孙伟成，杨建龙反咬一口："你欺骗了海月的感情，事后还想置她于死地，现在，她是我的女朋友了。"什么，海月不仅没有死，竟然成了杨建龙的女朋友，这到底是怎么回事呢？面对孙伟成的疑惑，杨建龙揭开了那场谋杀的真相。

原来，杨建龙在答应杀人后不久，就反悔了，更重要的是，当他看到海月的照片时，发现和自己上学那会儿迷恋的一个女生，竟然长得非常神似，甚至还更为美丽动人，他无法下手杀掉自己的梦中情人。

可是已经答应了孙伟成，自己又急需这20万元偿还赌债，该怎么办才好呢？杨建龙苦苦思索着，突然，他计上心头，如果能够说服海月，瞒过孙伟成，也许就可以达到一箭双雕的目的。

计划妥当，那个周五下午，杨建龙按照孙伟成的计划，躲在悬崖边的大石头后边。海月到来后，他走出来对海月说出了全部真相。海月当然不相信，杨建龙当面拨通了孙伟成的电话，确认是否动手。

当海月听到孙伟成在电话中说："海月不死，就是我亡，杀了她，今后我对你有求必应。"她顿时惊呆了：这个混蛋，竟然要杀我灭口？海月要去找孙伟成算账，杨建龙连忙拉住她说："别去，现在不能让孙伟成知道你还活着。要不然，他不仅不会给我钱，还会再找人来杀你。不如，我们合伙从他那儿弄钱，也算是惩罚教训他。"海月对孙伟成恨之入骨，同意了杨建龙的计划。

为了让孙伟成相信海月已死，海月配合杨建龙，让他从远处拍下自己等待的背影，以及背包掉下悬崖的照片，杨建龙还故意抓伤了自己的手臂。当孙伟成看到精心设计摆拍的照片时，果然就相信了杨建龙所说的一切。

接下来，杨建龙开始以各种理由向孙伟成要钱。孙伟成不给，他就威胁要去告发他雇凶杀人而频频得手。在这期间，杨建龙对海月表示了爱意，海月也感激杨建龙没有对自己下手，加上两人顺利骗得孙伟成100多万元，有着共同的利益，两人很快发展成了男女朋友，他们计划着，春节一过，就离开省城，回到老家开一家饭店。可是万万没想到，却被孙伟成撞了个正着，真相终于暴露。

原来自己被骗了，孙伟成气得两眼发黑，你们俩竟然耍我！海月冷笑道："姓孙的，你不仁，我不义，小心我说出你那些破事儿。"听到这话，孙伟成像气球一样瘪了下去："好好好，过去的事我也不追究了，你们赶紧把骗我的钱还给我，咱们井水不犯河水。"杨建龙摆摆手："对不起，钱都花完了，我们开饭店还差20万元装修费，我正准备再找你要呢。"

孙伟成气得直打哆嗦："白日做梦，海月没死，我没犯罪，我要到公安局告你们。"杨建龙冷冷地一笑："你敢吗？我要是被抓进去，会把一切说出来的，你会死得更难看，20万元，这是最后一次，我给你3天时间。"说完，两人丢下目瞪口呆的孙伟成，扬长而去。

孙伟成不得不承认，杨建龙抓住了自己的软肋，每次要钱都说是最后一次。现在看来，他们的胃口不可能有满足的时候。杨建龙和海月的存在，就是一颗定时炸弹，自己的家庭和前途随时有可能毁在他们手上。与其被动挨打等死，不如放手一搏。要想彻底摆脱他们的纠缠，就一定要让他们从这个世界上消失。

主意拿定，孙伟成用假身份证在郊外社区租了套房子，他怕一个人对付不了两个人，就决定先干掉杨建龙，再杀海月。他打电话给杨建龙，答应给他20万元，让他过来取。杨建龙以为孙伟成像过去一样害怕了，按时来到了约定地点。杨建龙刚一进门，躲在门后的孙伟成便用绳子套住了他的脖子，死死地勒住。不一会儿，杨建龙就瘫软在地，没了呼吸。孙伟成把杨建龙的尸体藏在床下。然后，给海月打电话，约她过来。没想到，海月因为母亲突然生病回了老家。

天啊，海月走了，她要是和杨建龙联系不上，肯定会报警的。孙伟成精神紧张到极点，现在看来，除掉海月已经是不可能的事儿。自己杀死杨建龙的事情被警方发现，只不过是时间问题。故意杀人，这可是掉脑袋的事件。只有主动自首，也许还有一线生机。

在巨大的精神压力下，孙伟成走进了派出所，向警方主动交代了自己的全部犯罪事实。2014 年 3 月，孙伟成因涉嫌故意杀人罪、受贿罪、贪污罪被检察机关批捕。

孙伟成对自己的杀人行为供认不讳，但是他对情人海月提出质疑，她伙同杨建龙虚构事实，隐瞒真相，先后从自己这里骗走 100 多万元，是否也构成犯罪？这对孙伟成定罪量刑，是否有影响？

诈骗罪，是指以非法占有为目的，用虚构事实或者隐瞒真相的方法，骗取数额较大的公私财物的行为。

敲诈勒索罪，是指以不法占有为目的，对他人实行威胁，索取数额较大的公私财物的行为。犯罪表现是，以威胁或要挟方法，迫使被害人因为恐惧而被迫交付财物。

本案中，海月和杨建龙通过虚构事实、隐瞒真相的手段，编造了雇凶杀人成功的事实，从而骗取孙伟成 100 多万元，从表面上看，似乎符合诈骗罪的构成要件。

但是，区分敲诈勒索罪与诈骗罪，主要不是看有没有欺骗行为，而是看取得财物的方式，是以诈骗的手段，还是以威胁的手段。本案中，杨建龙和海月虚构事实的目的，是让被害人孙伟成产生恐慌，并以此达到敲诈勒索的目的，因此，海月和杨建龙的行为更符合敲诈勒索罪的构成要件。

人民法院综合全案认定，被害人杨建龙敲诈勒索行为过错在先，孙伟成具有自首情节，最终以故意杀人、贪污和受贿数罪并罚，判处孙伟成死刑，缓期两年执行。海月构成敲诈勒索罪，判处有期徒刑七年。就这样，一对曾经的旧情人锒铛入狱，双双接受法律的惩罚。

律师评点>>>

嗜欲者，逐祸之马也。

案例的主人公孙伟成是公司副董事长，家庭幸福、事业有成，因为一段无法摆平的婚外情，不惜铤而走险预谋杀人。哪知道，螳螂捕蝉，黄雀在后，却掉进了情人和兄弟联手编织的陷阱。面对真相和无休止的勒索，孙伟成选择放手一搏，鱼死网破，最终把自己彻底葬送。

作为公司高管，孙伟成没能抵挡住美色、金钱的诱惑，没有正确认识和使用手中的权力，没有做到防微杜渐，洁身自好，一失足成千古恨，留下“聪明反被聪明误”的人生笑柄。

有人说，一步错，步步错，意思是，走错了那至关重要的一步，再怎样也无法挽回了。然而，真正重要的那一步，并不是你走错的那一步，而是在走错之后，能勇敢地从错误的渊薮中拔足离去的那一步。这一步的勇敢，使你有机会重返光明；这一步的果断，使你有力量继续前行。

不知情的绝育术

关键词　非法进行节育手术罪

案例故事>>>

2014年11月的一天傍晚，白云社区的一个诊所里，护士张秀琴刚刚送走最后一名患者。突然，一个衣着时尚的女孩闯了进来，把一份诊断报告单狠狠地扔在桌上，指着张秀琴的鼻子，愤怒地指责："亏得当年我把你当恩人，现在我才明白，我怀不上孩子，原来是你在暗中捣的鬼！"

这个气势汹汹的女孩是谁？她怀不上孩子，跟张秀琴有什么关系？这一切，还得从3年前张秀琴儿子离家出走说起。

这天，张秀琴下班回家，发现儿子张洋留下一张字条：妈，燕子是我的真爱，既然你不愿意成全我们，那我就搬出去和她一起住。天啊，儿子走了，他为了燕子这样一个农村丫头，竟然抛弃含辛茹苦养育他的亲妈。张秀琴气得头晕眼花。

儿子张洋4岁那年，张秀琴和丈夫离了婚。离婚后，她辞去公职，在一家社区诊所当主管护士。儿子是她的命根子，因为怕再婚以后，男方对儿子不好，她始终没有再嫁，多年来母子俩一直相依为命。

张洋大学毕业后，在一家公司做程序员，转眼也到了谈婚论嫁的年纪。张秀琴全款买下一套商品房，一心指望着儿子带回一个称心如意的女朋友。可是，儿子的恋爱却让她操碎了心。

不久前，张洋在公司附近一家新开的餐厅吃饭，被吧台后一个充满青春活力、气质独特的女孩深深迷住。他主动跟女孩搭讪，了解到她的名字叫燕子，读书时成绩一直优异，可就在高考那年，父亲重病住院要人照料，家里也由此欠下好多钱，她不得不中断学业，外出打工。所以，燕子一直有个心愿，自己没能读上大学，就一心希望能够找到一个高学历、有层次的男朋友。

从那以后，张洋就开始经常往那家餐厅跑。见面多了，两人越走越近。3个月后的一天，按捺不住的张洋深情地向燕子表白了爱意。燕子害羞地点头答应，两颗年轻的心就此靠在了一起。

一个月后，张洋把这个好消息告诉了母亲。没想到，却遭到了母亲的强烈反对：什么，高中肄业，还在餐厅打工？张秀琴当时就急了，她“腾”地从沙发上站了起来，用命令的口气说：“我不同意，这个燕子配不上你，你必须和她立刻断绝往来。”

可是，热恋当中的张洋根本听不进母亲的话：“燕子是我的真爱，既然你不同意，我就搬出这个家。”一番争吵后，张洋收拾行李，直接搬进了燕子的出租屋里，两个年轻人公开同居了。

儿子的出走，张秀琴气得整夜睡不着觉。冷静下来，她好奇地想：到底是什么样的女孩，勾引了自己的儿子呢。不行，我得去会一会这个燕子！于是，在一个周末中午，张秀琴悄悄来到燕子所在的餐厅，一看究竟。

刚进餐厅，张秀琴一眼就发现，儿子张洋也在这里，帮助收拾客人吃完的碗筷。吧台前的燕子见来了客人，立刻迎上去招呼。张秀琴上下打量一番，冷冷地说：“你就是燕子吧，我是张洋的妈妈。今天我来告诉你，你不要再纠缠我的儿子……”

燕子吓了一跳，赶紧解释：“阿姨，不是你想象的那样，我们是真爱啊。”听到燕子争辩，张秀琴火冒三丈，抬起手，“啪”地扇了燕子一记响亮的耳光：“你这个不知道天高地厚的丫头，竟敢勾引我儿子……”

这下可热闹了，就餐的客人们纷纷围观过来，张洋赶紧拉着女友跑出了餐厅。一个小时后，燕子接到老板电话，原来，她俩走后，张秀琴找到了老板，警告他立即辞退燕子，否则她以后天天来吵。老板不想为一个服务员惹上麻烦，电话里奉劝燕子另谋高就。

这下可惹恼了儿子张洋，以前对母亲是百依百顺，这次不就是找了个女朋友吗？母亲不仅在大庭广众之下打了女友，还步步紧逼让女友丢了工作，这让张洋感到无比的愤怒和委屈。他放出话来，母亲不接受燕子，自己就坚决不回去。

就这样，张秀琴和儿子因为女朋友的事儿，陷入了冷战，自己就这么一个儿子，现在却被一个认识不到半年的女孩，轻易骗走了，这当妈的怎么能甘心呢？她寻思着，怎样才能让儿子回心转意呢？

正当张秀琴束手无策的时候，事情有了转机。一个月后的一天，她突然接到了儿子的电话，说要回家和自己谈谈。难道是儿子明白了当妈的良苦用心，和那个燕子分手了？张秀琴心中暗自欣喜。

可是，事情没有她想象的乐观，反而变得愈发糟糕。原来，儿子回来是告诉她："妈，燕子怀孕了，我们准备马上结婚。"

什么，燕子怀孕了？这个消息让张秀琴眼前一黑。怎么会这样？自己千方百计阻挠他们在一起，到头来还是让这个丫头占了上风。是我太小瞧这个燕子的手段了，这分明是仗着儿子对她的宠爱，借怀孕来要挟自己啊！

此时的张秀琴左右为难：承认他们的恋情吧，意味着自己辛苦养大的儿子被"小妖精"夺去了，财产将来也会落入燕子之手；不答应吧，这孩子都有了，生米已经做成了熟饭，自己哪有回天之力呢？

张秀琴思来想去，认为必须要先解决掉燕子肚子里的孩子，自己才有翻盘的机会，所以只能以退为进。具体怎么办呢？她考虑再三，想出了一条妙计。

主意拿定后，她找到儿子张洋，装作无奈地说："既然燕子怀孕了，那我也不好再反对，你把她带回家吧，别在外面躲躲藏藏了。"

听到母亲终于接受了燕子，张洋很高兴，母亲终于被自己的真爱感动了。他赶紧把这个好消息告诉了燕子。燕子半信半疑，她不想去张洋家，但又想，这肚子里都怀上了张家的孩子，丑媳妇总得见公婆呀。于是两人买了礼物，正式回家拜见母亲。

张秀琴一改以往的蛮横霸道，热情地对燕子说："以前的事情是我错了，以后就随你们吧！你怀着孩子，身子弱，要好好补补，以后就回家来住。"燕子感动得热泪盈眶，儿子张洋也主动向母亲认了错。

过了一段时间，张秀琴单独跟儿子谈心："你们还没办婚礼，燕子就怀上孩子了，传出去是个笑话。再说，你现在工作刚刚起步，我也还没有退休，不是要孩子的最佳时机，我先把婚礼给你俩热热闹闹地办了，等条件成熟些，再要孩子，好不好？"

母亲一番推心置腹的话，张洋觉得非常有道理。其实，当初也是为了和母亲斗气才说要生孩子，既然现在母亲同意了他和燕子的恋情，自己这么年轻就要孩子，也确实是个棘手问题。于是，他向燕子提出打掉孩子的想法。

燕子一开始不同意，但经过男友的一番耐心劝导，最终点头答应了，但对手术安全还是有顾虑。张洋安慰她："我妈就在诊所工作，她来亲自给你做手术，非常安全，谁都不会知道的。"

就这样，一天晚上趁没人的时候，张秀琴把燕子带进诊所，给她上了静脉麻醉，燕子很快睡着了。张秀琴协助医生做流产手术多年，对整个操作流程非常熟悉，很快就完成了手术。燕子躺在手术台上毫无知觉。

突然，张秀琴看到手术台旁放着的节育环，一个疯狂的想法在她脑海中闪现，只有这样，燕子才不会再怀孕，就算儿子跟她结婚，没孩子也可以利落地分手，我这当妈的就有翻盘的机会！想到这儿，她取出一只节育环，偷偷放进了燕子的体内，然后，麻利地收拾好手术台。渐渐苏醒过来的燕子根本不知道发生了什么。

接下来所发生的一切，让张秀琴很是得意，事情完全朝着她计划的方向在发展，儿子张洋和燕子之间的恋情发生了变化。做完手术后，燕子出血一个多月，还常常感到腰酸腹痛。张秀琴说，这都是流产后的正常现象，不必担心。听母亲这么说，张洋也就没把燕子的病痛放在心上。燕子觉得男友不关心自己，张洋则认为女友在小题大做。

为此，两人争吵不断。而张秀琴不问对错，故意一味偏袒自己的儿子。两个年轻人从小吵发展成大闹，从拉锯战发展成冷战。2012年春节后，燕子一气之下提出分手，两人的恋情就此画上了句号。

燕子的离去，让张秀琴既高兴又担心，高兴的是儿子终于摆脱了燕子。担心的是，那只偷偷放进燕子身体里的节育环，该怎么取出来呢？这枚小小的节育环，将会给燕子带来什么样的遭遇呢？

儿子和燕子的分手，并没有让张秀琴高兴太久，因为张洋和女友分手后，精神一蹶不振，工作上不思进取，天天沉迷于网络游戏，最终被公司劝退。眼看着岁数越来越大，反倒成了窝在家里的啃老族。张秀琴四处托人给儿子介绍女朋友，可人家一听张洋的情况，都连连摇头，连面儿都不愿意见。

此时的张秀琴心生悔意，原先还嫌弃燕子。现在这个不成器的儿子，对象都找不到，现在想想，其实燕子也还是不错的，张秀琴寻思着，能不能去找回燕子呢，为了自己的儿子，当然，也包括那只小小的节育环。

可是，燕子离开家后就再也没有了消息，时间过去两年，人海茫茫，这到哪里去找燕子呢？正当张秀琴为这事儿茶不思，饭不想的时候，燕子偏偏自己找上了门。

2014年3月的一天下午，一个戴着墨镜的女孩来到张秀琴的诊所。女孩摘下墨镜，张秀琴愣住了，这不是儿子的前女友燕子吗。张秀琴心中一阵惊喜，又马上紧张起来，她来干什么？难道燕子发现了三年前那个秘密，找我来讨说法？

张秀琴把燕子让到里屋，还没等她开口，燕子一把抓住张秀琴的手，急切地说，张阿姨，求求你帮帮我吧。什么，帮帮她？张秀琴一头雾水。

燕子告诉她，和张洋分手后，她家的房屋遇上工业园建设拆迁，获得了一笔不菲的拆迁款，于是，她到广州进修了一年的工商管理学课程。学习结束后，燕子决定自己创业，她拿下了一家女装品牌的区域代理，经营得有声有色。半年前，她结识了现在的未婚夫，未婚夫是家族企业的接班人，按照他家的规矩，燕子要订婚后先怀孕，才能拿结婚证，可是，半年过去了，自己的肚子却迟迟没有动静。

燕子不好意思地说："张阿姨，我本来想去大医院检查，但又怕被医生检查出以前流过产，男朋友知道不好，你能帮我检查一下吗？"

燕子的讲述，让张秀琴长舒了一口气。真是天赐良机啊，正好借检查的机会，神不知鬼不觉地把节育环取掉。于是，她连忙答应了燕子。

刚刚答应下来，张秀琴就想到儿子张洋。眼前的燕子，今非昔比，丑小鸭变成漂亮的白天鹅，只要取出这节育环，她就可以顺利怀孕，嫁入豪门，成为人生大赢家。再回过头来看看自己的儿子，连个女朋友都找不到，与其帮助燕子到别人家做媳妇，能不能想想办法，让她跟儿子张洋重归于好呢？

想到这儿，张秀琴放弃了为燕子取出节育环的想法。她假装给燕子做了检查，开了点消炎药，嘱咐她每周过来复查一次。看着燕子离去的背影，张秀琴有些担心。但一想到儿子张洋，她又狠下心来，为了儿子，她只能让那枚"定时炸弹"再埋些时间。那么，张秀琴能否如愿以偿呢？

晚上在家吃饭时，张秀琴对儿子说，今天我碰到燕子了，她现在越来越漂亮了，事业做得很好，也有了新男朋友。张洋赶紧打听，张秀琴没有告诉他燕子不孕的事，只说她到诊所来做检查。张洋听完默默不说话，张秀琴看出来儿子心里还放不下燕子。于是，她开始暗暗盘算让两人重归于好的计划。

第二个星期，燕子来诊所复查时，张秀琴对燕子说，你的检查结果都正常，怀不了孕，很可能是男方的原因。毫不设防的燕子回去就要求未婚夫去医院检查，两人为此大吵一架。当燕子向张秀琴诉苦时，张秀琴故作愤怒："他不就仗着自家有钱吗？一点儿都不懂得尊重你。"燕子连连点头称是。

之后，张秀琴抓住机会，在燕子来做检查时，打电话把儿子叫来。张洋本来就对燕子不能忘怀，再次相见时，看到燕子比以往更加美艳动人，他对燕子的爱更加热烈。

燕子迟迟不能怀孕，她和未婚夫矛盾越来越多。此时，张洋的关心对燕子来说是雪中送炭，两人的联系愈发紧密，最终被未婚夫发现，男方一气之下出手打了燕子。燕子倍感委屈，两人的关系降至冰点。

张秀琴加了燕子的微信，每次在朋友圈里看到燕子心情不好，就有意制造机会，让儿子加大攻势追求，隔三差五还挑选各种礼物，让张洋送给燕子。就这样，张洋乘胜追击，终于赢回了燕子的芳心。2014 年 8 月，燕子和未婚夫解除了婚约，与张洋重新牵手。

有了爱情的滋润，张洋努力工作，精神面貌焕然一新。张秀琴看在眼里，喜在心上，她暗中计划着，找个机会给燕子悄悄把节育环取掉，然后在来年置办儿子的婚礼，一切都将非常完美。

可是，让她万万没有想到的是，事情的发展最终却偏离了她设计的轨道。

燕子和张洋和好后，张秀琴忙前忙后地照顾他们，还给燕子买衣服和补品。燕子的闺蜜十分羡慕。准婆婆的爱护让燕子也很感动，虽说原来双方有过矛盾，但现在，张秀琴确实是真心诚意地待自己，也没把自己不能怀孕的事告诉张洋，这让燕子心存感激。然而，她也在担心，自己能否让未来的婆婆抱上孙子呢？

闺蜜建议燕子到大医院做一下全面检查，也许不单纯是妇科的问题呢。燕子觉得有道理，以前不敢去大医院，是怕男友知道她流产的事，现在已经没有了这方面的顾虑。于是，在闺蜜的陪同下，燕子来到市人民医院做检查。

检查结果很快出来了，燕子之所以不能怀孕，竟然是因为身体里放置有一个节育环，而且长达三年之久。燕子惊呆了，医生告诉她，节育环放置有问题，导致输卵管不通畅，就是把节育环取下来，也要经过长时间的恢复治疗，才有可能怀孕。

天哪，三年前放置的节育环？燕子立刻明白了，这肯定是张秀琴当年给自己做手术时，暗中做的手脚。可是，她为什么要做出这样伤天害理的事情呢？

愤怒的燕子拿着报告单找到了张秀琴，这才有了案例开头的一幕。

看到秘密终于被揭开，张秀琴故作镇静地说：“燕子，我这都是为你好，防止你再次意外怀孕。再说，你先前的未婚夫根本不适合你，我家张洋对你这么好，嫁给他，才是你正确的选择。”

听到张秀琴的诡辩，燕子气得直跺脚：“你这个骗子，太可怕了，我死都不会嫁到你们家的，你……你得给我个说法。”

见燕子情绪激动，心虚的张秀琴提出，补偿燕子1万元，燕子断然拒绝：“你害得我失去婚姻，可能连母亲都没得做，这么大的伤害，不是1万元钱能补偿的！我要告你，连你儿子一起告。”

张秀琴说：“告我们，好啊，到时候，我把你未婚先孕的丑事公布于众，让大家都知道，你原来是这样一个不要脸的女人！看看还有谁敢娶你？”

张秀琴的威胁，让燕子不禁打了个冷战，可是，她实在无法咽下这口气。于是，她来到律师事务所寻求帮助，律师经过调查后发现，张秀琴只是一名护士，并没有取得执业医师资格证书，不具备做人工流产手术的资格，律师建议燕子找法医做检查，于是燕子去找法医做了检查，报告显示，燕子的身体因为节育环所受的伤害构成轻伤。

那么，张秀琴在给燕子做人工流产手术时，在其不知情的情况下，私自给其戴上节育环，最终造成燕子的轻伤后果，作为护士的张秀琴应当承担什么责任？这家诊所是不是也要承担法律责任呢？

我国刑法第336条规定，没有取得医生执业资格的人，擅自为他人进行节育复通手术、假节育手术、终止妊娠手术或者摘取宫内节育器，情节严重的，构成非法进行节育手术罪，处三年以下有期徒刑、拘役或者管制；严重损害他人身体健康的，处三年以上十年以下有期徒刑，并处罚金；造成就诊人死亡的，处十年以上有期徒刑，并处罚金。

本案中，张秀琴作为一名护士，并没有取得执业医师资格证书，却私自为燕子进行终止妊娠手术，并在其不知情的情况下，在其体内放置节育环，造成了燕子身体轻伤的后果，依法涉嫌构成非法进行节育手术罪。

有了律师的法律意见，燕子向公安机关报案，2015年3月，人民法院对这起“婆婆”给“儿媳”放置节育环的离奇案件进行了不公开审理。法院最终认定，张秀琴构成非法进行节育手术罪事实清楚，证据确凿，鉴于张秀琴与燕子达成和解，并做出积极赔偿，可以从轻处罚。最终，判处张秀琴有期徒刑 6 个月，并处罚金 5000 元。

判决生效后，燕子解除了与张洋的婚约。知道事实真相的张洋，精神受到极大的刺激，整日呆坐在家中，并拒绝探视服刑的母亲。张秀琴所在的诊所，因违法进行终止妊娠手术，被卫生行政机关依法吊销医疗机构执业许可证和营业执照，并受到 2 万元罚款的行政处罚。

律师评点>>>

人们常常听到这样一句话:“是欲望毁了他。”然而，这往往是错误的，并不是欲望毁了人，而是无知和糊涂。

张秀琴作为母亲，对儿子婚姻爱情的干预，过于强势和霸道。为达到自身不可告人的目的，利用职业便利，不惜违反伦理道德，在他人体内放置节育环，严重伤害了他人的身心健康。面对法庭，她深深忏悔，自己一时糊涂酿成大错，完全是出于对儿子的关爱，出于对法律的不了解，请求法庭从轻处罚。

然而，对事情的无知可以作为借口，但对法律的无知绝对不能当借口，每个人都要遵守自己的职业道德，坚守自己的执业底线。爱之深，情之切，永远不能成为伤害他人的借口和理由。

孩子的生父竟是他

关键词 等候型自首

案例故事>>>

一个周五的下午，银行职员小玉下班后来到县医院，医生看着检查报告单告诉她："恭喜你，小玉，你和丈夫的努力有了结果，这次可真的要当妈妈了！"什么？我怀孕了，不可能吧？小玉不仅没有惊喜，反而有些惊慌失措地问："大夫，你有没有搞错，我可不可以不要这个孩子？"

医生奇怪地看着她问："怎么啦，你和丈夫不是一直想要个自己的孩子吗？再说，你都是高龄产妇了。"听到医生这么说，小玉低下了头，一脸的愁容。

按说当妈妈是一件幸福快乐的事情，可小玉为什么不高兴？竟然还想打掉肚子里的孩子？难道说，她有什么难言之隐？这要从3个月前，小玉参加同学聚会说起。

小玉中专毕业后在银行做出纳，丈夫周达一直在乡镇工作，今年刚刚调回县城。6月底的一天，小玉接到同学打来的电话，邀请她参加7月份在省城召开的同学会，最后特意告诉她："哎，小玉，杨杰说他会来参加，你可一定要来啊。"听到杨杰的名字，小玉怦然心动，勾起了她对校园恋情的回忆。

小玉和杨杰的校园恋情，备受同学羡慕。三年中专毕业后，小玉回到家乡，在父母的安排下，进入当地银行工作。杨杰出身农村，只能辗转找到一家工厂，在车间打工。

小玉是银行白领，却和当工人的杨杰谈恋爱，小玉的父母对此很不满意。当杨杰登门拜访时，老人的态度极其冷淡，这让小玉很尴尬。父母苦口婆心地劝她，尽早和杨杰分手。小玉毫不犹豫地拒绝了，她认为，物质条件可以改变，感情基础才最重要，她下定决心要和男友修成正果。可是，现实有她想的那么简单吗？接下来，意想不到的事情发生了。

1 个月后，杨杰突然从工厂辞职，离开了小县城，没有留下只言片语，也没有留下任何联系方式。杨杰的不辞而别，让小玉备受打击。在不吃不喝3 天后，小玉扑倒在母亲的怀里号啕大哭。父亲走进来说："要我说，他杨杰根本就配不上你，这样绝情的男人不要也罢。"

父母一边安慰小玉，一边张罗着给她物色男朋友。不久，在父母的安排下，小玉和现在的丈夫周达见了面。周达的出现，填补了小玉感情上的空白，他的关心和体贴，也慢慢抚平了小玉心灵所受的伤害。

周达和小玉的父母是银行同事，可谓是门当户对。在两家老人的极力促成下，1 年后，小玉接受了周达的求婚，两家举办了隆重的婚礼。

婚后，夫妻俩感情还算不错。可是还是有烦恼，结婚快 3 年了，小玉一直没有怀上孩子。夫妻俩去医院做了检查，原来，周达精子活动力低，不容易受孕。夫妻俩商量，双方都调养好身体，再努力一段时间，实在不行，就去抱养一个孩子。

就在这时，小玉接到同学会的电话，她很期待与分别多年的同学再叙友情，可是这事儿，要不要告诉丈夫周达呢？她犹豫了，因为，丈夫对她和杨杰这段往事是知道的，如果实话实说，丈夫会不会多想？如果瞒着丈夫，悄悄参加聚会，同学会人多嘴杂，事后丈夫从别人嘴里知道，恐怕更有心虚怕事的嫌疑。想到这儿，小玉索性实话实说，把开同学会的事情如实告诉了丈夫，没想到，丈夫十分支持她去省城。

就这样，7 月初，小玉踏上了开往省城的列车。一路上，她心潮澎湃，既为同学相见而激动，更为即将见到杨杰而忐忑不安。当年杨杰为何不辞而别？他去了哪里？现在过得怎么样？一切的一切，都将会在这次同学会上真相大白。那么，等待小玉的，将是一场什么样的同学聚会呢？

同窗情谊如手足，多年的不见，让聚会变得格外热闹，大家相互倾诉着毕业后的生活和多年不见的思念，席间同学们都喝了不少酒，一直闹腾到夜里十二点钟还不愿散去。有人就提议，干脆在酒店开好房间，休息一晚第二天再回家。

没了后顾之忧，大家玩得更加兴奋，有人起哄，今天是不是给小玉和杨杰个机会，让他们再续情缘呀？说话间，两人被连推带搡地关进了一个房间。

此时已经是深夜两点多，独处一室的小玉和杨杰有些尴尬。看着眼前熟悉而陌生的杨杰，小玉想起了往事，不禁潸然泪下。杨杰有些惊慌地说：“别哭，别哭了。”小玉哽咽着问道：“当初为啥，说都没说一声就走了？”

看着眼前梨花带雨的小玉，杨杰叹了口气：“我也是迫不得已呀。”什么？迫不得已？小玉吃惊地望着杨杰，听他讲述了当初不辞而别的原因。

原来，就在杨杰拜访小玉家里后没多久，小玉母亲就背着小玉，独自敲开了杨杰宿舍的大门，小玉母亲开门见山，直奔主题，希望杨杰和小玉分手，她拿出1万块钱，作为分手的补偿。杨杰的自尊心受到伤害，他断然拒绝了小玉母亲的要求。

看到杨杰不肯收钱，小玉母亲扑通一声跪在地上：“我们只有小玉这一个女儿，你看你，一个月就那么点钱，还要接济农村的爸妈，我们怎么放心让小玉嫁给你？可怜天下父母心，你就离开我们女儿吧。”

面对跪倒在面前的老人，杨杰不为所动：“不行，我不能没有小玉，你不就是嫌我穷吗，好，我这就出去打工挣给你看，我保证给小玉想要的幸福。”

看到杨杰软硬不吃，油盐不进，小玉母亲止住眼泪，站起身来说：“好，小伙子，有骨气。这样，我给你3年时间，赚够100万元回来，我就把女儿许配给你。不过，我们有言在先，今天这事儿，天知地知你知我知，否则别怪我老太婆翻脸不认人。”

小玉的母亲走了，杨杰一夜也没睡着，自己夸下了海口，该如何兑现呢？这一切又该如何和女友解释呢？第二天一早，他做出决定，与其让小玉的母亲看不起，不如放手一搏。

就这样，杨杰辞掉工作，悄悄离开县城到了省城，计划下海挣大钱。然而，创业哪里有他想象的那么简单，三年过去了，开设的小公司虽然挣了点钱，但离100万元的要求，还是遥不可及。再一打听，得知小玉早已嫁人。拗不过父母的催逼，再看看自己也年近三十，杨杰只得草草娶妻生子。因为杨杰始终无法忘记小玉，婚后夫妻感情一般。

“小玉，对不起，都是我不好。”杨杰说着说着泪流满面。

听完杨杰的讲述，小玉惊呆了。她无法抑制自己的感情，加上酒精的催化，这一晚，小玉和杨杰紧紧拥抱在一起。

第二天早晨，两人醒来后都很尴尬。他们迅速穿好衣服，和同学招呼都没打，匆匆走出房间，各自分开离开了酒店。

同学会结束后，生活重新恢复了平静。小玉想到丈夫周达对自己的各种好处，心里十分内疚，既然和杨杰有缘无分，过去的事情就让他过去吧。她决定，不再联系杨杰，跟丈夫生儿育女，才是摆在自己眼前的头等大事。

可是，从省城回来一个多月后，小玉感觉头晕恶心，她以为是伤风感冒，就找来先前熟悉的医生做了检查，可没承想，医生告诉她，自己怀孕了！这个消息，对小玉来讲尴尬不已，自己和丈夫结婚好几年都怀不上孩子，这上个月才跟杨杰同居一室，就怀上孩子了，不用说，这个孩子的父亲肯定是杨杰。天啊，这种阴差阳错的事情，怎么就偏偏发生在自己身上呢？

得知消息的丈夫喜出望外。看着周达抢着煮饭洗衣，殷勤地照顾自己的饮食起居，小玉心里愈发内疚。她想跟丈夫坦白，可又怕丈夫受不了打击，跟自己翻脸，这个家庭就此破裂。渐渐地，陷入纠结的小玉变得愈发反常了。这引起了丈夫的疑惑，他感觉小玉有事瞒着自己，经不住丈夫的盘问，心中有愧的小玉承认了在同学会上发生的一夜情。

对不起，周达，这个孩子不是你的，小玉羞愧地低下了头。

什么，孩子不是我的？妻子红杏出墙不说，竟然还怀上了男同学的孩子！震惊的周达无法接受妻子的出轨，一怒之下提出了离婚。小玉自知有错，没要任何家产，带着换洗衣服净身出户。

可是，这婚是离了，肚子里的孩子怎么办呢？闺蜜劝小玉，赶紧手术拿掉尚未出生的孩子。小玉也觉得这孩子不能生下来，于是急匆匆赶往医院。可医生经过检查认为，小玉不宜做流产手术。

不宜手术？摸着一天天变大的肚子，小玉没了主意。最终，当母亲的强烈愿望让她决定，事已至此，不如留下肚子里的孩子，她要独自抚养孩子长大。

小玉近似荒唐的行为，让父母无法理解和接受。小玉也不能原谅母亲当年对杨杰的所作所为，因此，离婚后小玉独自在外租房，2010年年底，她顺利生下了一个男孩，取名壮壮。

做母亲的感觉快乐而温馨，可随之而来的，是小玉作为单亲妈妈的艰辛，还有经济上的窘迫，以至于不得不向同事、同学和朋友借钱度日。知道真相的闺蜜，看到小玉母子的艰难处境，倍感心酸，她不顾小玉的反对，拨通了远在省城的杨杰的电话，告知了小玉的境况。

接到电话的杨杰惊呆了，他火速从省城赶来，看到小玉身边的孩子，他无法相信自己是孩子的亲生父亲。女同学告诉他，小玉的丈夫根本不能生育，因为这个孩子，小玉现在已经被赶出家门，你要是个男人，就要对你的行为负责，别让我们同学都瞧不起你。

返回省城的杨杰，心里越想越难受。一个星期后，他再次来到小玉身旁，提出想与她一起抚养孩子："都是我不对，这是老天的安排，如果你同意，我这就回省城离婚。"此时，小玉心乱如麻，尝够了单亲妈妈的尴尬和艰辛，她只能点头应允。

可是，当杨杰提出离婚，妻子无论如何也无法接受。离婚拖了2个月也没有结果，杨杰留下一份离婚协议书，明确表示，如果同意离婚，自己愿意把全部财产留给妻子和孩子，作为自己过错的补偿，要是妻子不肯签字，自己也绝不回家。半个月后，杨杰的妻子心灰意冷，双方在离婚协议书上签了字。

就这样，杨杰把小玉和孩子接到了省城，重新组建了家庭。杨杰一心一意地对待小玉母子，孩子一天天长大，越来越可爱。对于曾经的荒唐，小玉甚至觉得有些庆幸，也许这就是所谓的苦尽甘来吧。

再说周达，他离婚后也处过好几个女朋友，但人家一听说他身体有这毛病，又都没了下文，这让他产生了深深的自卑。后来听说小玉再婚过得还不错，他就觉得，孩子真的是婚姻感情的纽带，自己这样的毛病，确实无法给小玉带来完整的幸福。有了这种想法，他对小玉的怨恨渐渐消散，甚至开始怀念起小玉的种种好处了。

就在这个时候，周达意外地接到了小玉的电话，说要从省城过来跟他商量一件重要的事情。这离婚都两年了，她找我做什么，还非要见面说？周达一头雾水。

两天后，周达再次见到了前妻。小玉显得疲惫憔悴，甚至有些惶惶不安："周达，你可不可以和壮壮做个亲子鉴定？"

"什么，和你儿子做亲子鉴定，你没有搞错吧？"小玉看着一脸茫然的周达说："我想，我们离婚是个错误，孩子可能是你的。"

"孩子是我的？离婚是个错误？"周达简直不敢相信自己的耳朵，这到底是怎么回事？

原来，小玉和杨杰幸福的日子很短暂，孩子的一次意外受伤，让全家陷入麻烦与慌乱。

7月底的一天，杨杰接到小玉的电话，说壮壮不小心摔倒划破了胳膊，流了很多血，正在医院急救。杨杰匆匆赶到，小玉正在验血检查，准备给孩子输血。杨杰见状，也要求做血检。

血检报告出来后，杨杰并不符合输血条件。杨杰是B型血，小玉是O型血，孩子壮壮却是A型血。医生好奇地问杨杰："你跟孩子是什么关系？怎么对他这么好？"杨杰和小玉面面相觑，不知道说什么好。

半个月后，孩子恢复健康出院了。为解开心中的谜团，夫妻俩带着壮壮做了亲子鉴定。报告出来了，鉴定结论显示，杨杰和壮壮生物学亲缘关系成立的可能小于1%，杨杰眼前一黑，跌坐在椅子上。

"你老实告诉我，孩子的亲生父亲到底是谁？你外面到底有多少个男人？"杨杰铁青着脸朝小玉吼道："你……你真的是一个坏女人。"

“我没有，除了周达，我就只跟你有接触。”小玉连忙辩解。“事到如今，你还在欺骗我，这报告上说，我根本就不是孩子的父亲！”杨杰把鉴定报告狠狠地扔在桌上，摔门而去。

壮壮竟然不是杨杰的孩子？小玉仔细地梳理着自己的记忆，除了前夫周达和现在的丈夫杨杰，自己绝对没有和第三个男人有过亲密关系，那么，就只有一种可能，前夫周达才是孩子的生父，可是他不是无法生育吗？

为了弄清真相，小玉鼓起勇气找到了前夫。周达，相信我，壮壮真有可能是你的孩子，你不是一直想要个孩子吗？面对小玉近似哀求的眼神，周达点头同意。

半个月后，鉴定报告出来了，壮壮和周达生物学亲缘关系的可能性为99.99%。医生做出解释，周达精子活动力低会影响怀孕，但并不代表不会使小玉怀孕，在特定的情况下，优良的精子还是能和卵子结合，完全有可能使小玉受孕。

原来是这样呀！拿着报告单的周达欣喜若狂，我终于有儿子了。这个消息让周家人也是喜出望外。

周达找到小玉，表示过去的事情既往不咎，希望能和孩子相认，和小玉破镜重圆。可是，小玉犹豫了，当年自己最困难的时候，是杨杰毅然与妻子离婚决裂，两年来照顾母子二人，现在说走就走，小玉根本就张不开口。

周达看出了小玉的为难，于是他找到杨杰：“看在你照顾壮壮的分上，同学会那件事，我就不追究了。不过，我才是孩子的亲生父亲，希望你能好自为之，让我们一家团圆。”

“不可能！”杨杰断然拒绝了周达。他觉得，自己为了小玉和孩子，净身出户，妻离子散。而今，如果小玉复婚，自己孤家寡人不说，还白白替人家养了两年儿子，只怕要被人笑话。

“壮壮虽然不是我亲生的，但两年来的相处，我们已经建立了深厚感情，我愿意照顾小玉母子一辈子，离婚，不可能。”杨杰坚决地说。

杨杰的蛮横让周达很是恼火，两人发生了激烈的冲突，不欢而散。

回到家的杨杰虽然表面若无其事，但内心十分痛苦。他虽然执意不肯放弃这个家庭，但每每看到壮壮，眼前就浮现出周达的模样，心中不禁怒火中烧。这一动气，对孩子的态度大不如前。

年幼的孩子不明白自己犯了什么错误，那个曾经和蔼可亲的父亲，一下子变得喜怒无常。看到孩子委屈的表情，小玉心乱如麻，这当妈的心里，开始产生了动摇。

念及孩子的健康成长，也架不住前夫周达的软磨硬泡，一个月后，小玉正式向杨杰提出了离婚："杨杰，对不起，毕竟，周达才是孩子的父亲。"

听到小玉提出离婚：杨杰气急败坏，当着孩子的面，他极尽侮辱之词，咒骂威胁了小玉。小玉害怕了，她看到了杨杰身上偏执极端的一面。考虑到孩子的安全，小玉背着杨杰，带着孩子离开省城，回到小县城父母家里。

发现妻子不见了，杨杰第一反应，这肯定是周达使坏，把小玉藏起来了。他火速开车赶到周家要人。周达的家人看到杨杰居然主动跑上门挑衅，气不打一处来，对杨杰一顿暴打，并扔下一纸离婚协议，警告说："限你一个星期签字离婚，否则我们要你好看。"

鼻青脸肿的杨杰气得咬牙切齿，好你个周达，你这是把我逼上绝路啊，你必须要为你的所作所为付出代价。主意拿定，杨杰开始着手准备。等待周达的将是一场什么样的劫难呢？

第二天中午，周达接到杨杰的电话："下午五点，南郊马路第二个岔路口，我把离婚协议给你，这是我们之间的事情，只要你一个人来。"

听到杨杰终于认怂肯离婚了，周达松了口气，按照与杨杰的约定，下午他独自驾车来到南郊马路这个偏僻的岔路口。

等待多时的杨杰示意周达下车，坐到自己车上。话不投机半句多，双方再次争吵起来。突然，杨杰拉开车门冲出去，随即从外面锁死车门，将周达关在车内。杨杰狞笑着从车底下掏出了早已准备好的汽油壶，将汽油泼洒在汽车上。周达吓坏了，赶紧掏出手机报警，之后拼命用手击打车窗玻璃，终于，天窗被打破了。杨杰看到从天窗爬出来的周达，赶紧将剩余小半壶汽油直接泼在了周达身上，然后掏出打火机扔向周达。瞬间，周达变成一个耀眼的火球，在地上惨烈地翻滚，发出阵阵痛苦的号叫。

所幸警察及时赶到，拎着空油桶的杨杰，不仅没有逃跑，反而指着地上翻滚的周达大声地狞笑："报应，这都是报应啊。"警察脱下警服将火苗扑灭，抓住纵火的杨杰。

杨杰对自己的行为供认不讳。他说："现在我是妻离子散，被人笑话，活在世上也没啥意思，之所以待在现场，就是为了亲眼看到周达被烧死，大不了杀人偿命，一命抵一命。"

周达全身烧伤面积达85%，造成重伤。检察机关以杨杰涉嫌故意杀人罪提起公诉。辩护人提出，杨杰的行为构成自首，应当减轻处罚。这杨杰是被警察当场抓获的，怎么会是自首呢？

我国刑法第67条规定，犯罪以后自动投案，如实供述自己的罪行的，是自首。因此，认定自首必须同时具备两个条件。第一是自动投案；第二是如实地供述自己的罪行。相关司法解释又明确，明知他人报案而在现场等候，抓捕时没有拒捕行为，供认犯罪事实的，应当视为自动投案。

本案中，杨杰在明知周达报警，纵火后仍然留在犯罪现场，客观上也不存在不能离开现场的情况，属于能够逃走而不逃走，体现了他自愿将自己置于警察控制之下的主观心态，应视为自动投案。归案后，杨杰对犯罪事实也能如实供述，明确表示愿意接受法律制裁，因此，依法构成自首。人民法院综合考虑到案发原因、作案后的表现，最终判处杨杰有期徒刑8年。

杨杰即将赴外地服刑，临走前，他同意了小玉的离婚要求，在离婚协议书上签下了名字。小玉把身受残疾的周达接到自己家里，深深地向他忏悔，表示愿意照顾周达一辈子。

律师评点>>>

身之有欲，如树之有蝎，树抱蝎则还自凿，身抱欲而反害。

同学会是同窗友情的延续，原本与男女感情无关，然而杨杰和小玉，将再叙友情变成“旧情复燃”，欲望之火焚身。“真相”暴露后，杨杰为了“婚外生子”，毅然抛弃原来的家庭，与小玉破镜重圆，哪承想，阴差阳错却为他人养了孩子，真所谓是“赔了夫人又折兵”。原本是一场风花雪月的故事，可结局硬生生演成了“事故”，所有人都为此付出惨重的代价。

男女友情一定要有界限和尺度，既不能出格，更不能越线，否则就会伤及爱人、伤及家庭，更伤及自己。

嫁出去的女儿回不了家

关键词 包庇罪

案例故事>>>

2012 年 6 月的一天，古井村的天还没亮，睡梦中的李老汉就被儿媳妇高燕急促的敲门声惊醒。不好了，李滨死了，他老毛病又犯了。什么，儿子死了？惊恐的李老汉赶紧来到村西头儿子的家里，只见李滨躺在床上，已是气断命绝，仔细再看，儿子脸上青里带紫，肿胀的头部还有明显的伤痕。

李老汉觉得，这事儿没那么简单，他赶紧拨打了报警电话。警察很快赶到现场，勘验结果出来了，李滨并不是病死，而是在睡梦中，被人用闷棍打死的。

凶手是妻子高燕吗？不会，因为她肚子里怀着孩子，无法做到，可是高燕为什么要撒谎？难道是另有隐情？夫妻之间发生了什么？到底是谁杀死了丈夫李滨？这一切，得从高燕出嫁的那一天说起。

那是一个春意盎然的日子，李家上下张灯结彩，人群高呼：新娘子来了！只见一个面容娟秀、身材窈窕的女子，身穿红色嫁衣，在送亲队伍的簇拥下，来到李家小院，迎接的正是新郎李滨。有人起哄："新郎官把新娘给背回去。"说着，几个小伙子把新娘抬起来，架在了新郎的背上。没承想，新郎不堪重压，一下栽倒在地。突然，浑身抽搐，口吐白沫，一下子就不省人事了。

不好了，新郎又犯病啦！有人高喊起来。什么？新郎有病？来贺喜的李家亲友，七嘴八舌议论说，这肯定是羊痫风。李家人赶紧将昏倒的李滨平躺在地，松衣领，掐人中，进行急救。这边送亲队伍一脸的惊讶，一个头发花白的老汉高喊：“李家人骗我，我不能害了我女儿，这个婚，咱不能结了，我们走！”说着，抓住新娘高燕就要夺门而出。

新郎有病，新娘要走？这还了得。李家人中窜出一个壮汉，拦住高老汉的去路：“不能走，高燕现在已经是我们李家的媳妇儿了，别说是生病，就是李滨有啥三长两短，你闺女也得守着，别忘了，你们高家还欠着我们老李家一条人命呢。”

这可奇怪了，明明是儿女亲家，李家为啥会说，高家还欠他们一条命呢？他们两家到底有何瓜葛？这中间又发生了什么故事？

当年，家住高家庄的高老汉，小女儿高燕只有十岁，这天在河上的小桥玩耍，一不小心跌落到水中，滚滚的河水裹着高燕冲向下游的漩涡。就在这危急时刻，一个小伙子“扑通”一声跳进河里，紧紧从背后抓住高燕，将她高高托起，全力推向岸边。高燕得救了，可是小伙子精疲力竭，最终被河水吞没，再也没能浮起来。

救起高燕的小伙子不是别人，正是故事当中新郎李滨的亲哥哥，名叫李强。李强住在邻县的古井村，这天刚巧路过高家庄，碰到落水的高燕，李强毫不犹豫地跳了下去，就再也没上来。噩耗传来，李家夫妻中年丧子，呼天抢地，痛不欲生。李强打小就勤劳能干，朴实忠厚，村子里的人都对他称赞有加，而今，却因为一个素不相识的小女孩儿，失去了年仅十八岁的生命，李家夫妻的一腔悲痛，都化作对小高燕的满腔怒火。

人死不能复生，怪高燕又有什么用呢，更何况这也不是高燕的错啊。有人提议，李强还没有结婚生子就死了，到了阴间也是个孤苦伶仃的可怜鬼，将来说不定还会因此鬼魂作怪，不如按照当地的习俗，让高燕跟李强配个阴婚，也就是嫁给死去的李强，逢年过节，生日忌辰的时候，给李强祭拜烧香，也算是对救命恩人的一种补偿。

迷信的李家夫妻一听，觉得这主意不错，于是向高家提出，我家儿子李强为救你家女儿命丧黄泉，也是命中注定的孽债，赔偿的钱，我李家一分钱都可以不要，只有一个要求，就是要十岁的小高燕和死去的李强配上个阴婚。

配阴婚？让一个还不懂事的小女孩嫁给一个死人，这不是把孩子往火坑里推吗？高燕的父母打死也不同意。

“不同意，好啊，那你高家就赔我家20万元，不然的话，要你女儿高燕一命换一命，否则这李强的尸首，我老李家就不下葬！”

一命换一命，这只是气话，自然不可能实现。可人家要20万元的要求，虽然太过分了，可也不是没有道理，毕竟高家欠李家一条人命。可是，高家世代贫农，除了两亩薄地，几间土屋，根本就没有值钱的家当，别说20万元，就是2万元，对他李家来讲，也是拿不出来的。

可是，钱拿不出来，阴婚又不愿意配，这李强的尸首何时才能入土为安呢？老高家面对村民的非议和指责，倍感压力。两家互不相让，这僵局该如何解开呢？

有好事者解围提议，让十岁的高燕嫁给死人，也太难为这小丫头了，不过，能不能这样，李强还有个跟高燕同龄的弟弟，名叫李滨，既然高家不同意配阴婚，那么等她长大了，就做李滨的媳妇儿，这样也可以补偿哥哥李强的救命之恩。

这个提议立刻得到了李家的赞同。因为，这恰恰说中了他家的一块心病，这个小儿子李滨，打小生下来就患有先天性癫痫，也就是俗称的羊痫风。虽然经过治疗有所好转，但始终无法彻底根除。

大儿子李强的意外去世，给夫妻俩沉痛的打击，小儿子又是这么一个病模样，如果能尽早定下这门亲事，小儿子李滨就不会因为这个病，今后打光棍，这何尝不是一个好主意呢？

李家所住的古井村，虽然和高家庄是邻县，相距不过一百多公里，但是交通出行非常不便，信息闭塞，所以，高老汉对李滨的病情毫不知情。看到这个男孩虽不算清秀，但也五官端正，比起嫁给死人来讲，要好得多。更重要的是，这样总算是给了李家一个说法，钱也不用赔了，阴婚也不用配了，冤家还变成了亲家。高老汉想想也没有更好的办法，就应允下了这门亲事。

说来也怪，自从李家和高家定下这门娃娃亲之后，李滨的羊痫风就很少发作。李家认定，这是娃娃亲冲喜带来的效果。

时间一晃，10年时间过去了，当年的小高燕和李滨都已成年，尤其是高燕，那更是亭亭玉立，如花似玉。于是，两家按照10年前的约定，选择了一个良辰吉日，李家大摆筵席，接高燕过门儿。然而，人算不如天算，恰恰在这个大喜日子里，新郎李滨意外发病，才闹出了案例开始那尴尬的一幕。

常言道，男怕入错行，女怕嫁错郎。高老汉发现，自己的姑爷竟然有先天性的癫痫，更让他不能容忍的是，自己的亲家竟然长达10年，隐瞒下如此天大的秘密，这还了得？这种要毁女儿一生的大事儿，自己这个当爹的，无论如何都不能答应。高老汉死活不干，要带着女儿回家去。

可是，李家根本不同意，这人都进了自家大门，哪里还有悔婚的道理？更何况，在李家人心目中，高燕嫁给李滨，就是为还自家儿子救命之恩的：“高老汉，你别忘了，10年前，不是我家大儿子舍命相救，哪有你女儿的今天。”

听到这话，高老汉像泄了气的皮球一样，没了主意。当年自己拿不出一分钱赔偿，才答应下这门婚事，如今，彩礼钱收了，门也过了，哪有回头路可以走呢？就是狠下心扯着女儿回家去，这事儿传出去，高燕也没办法再找婆家啊。

可是，高老汉还是不能容忍，亲家对自己隐瞒李滨患病的事情。此时，李家人又说了，我们家真的是好惨啊，大儿子为救高燕而死，小儿子又得了这样一种怪病，你高老汉也得凭凭良心，更何况，李滨现在已经好了许多，干活、生活都没有问题，你高家今天要是悔婚，就是把我老李家往绝路上逼啊！

看到痛哭流涕的李家夫妻，高老汉是彻底没了主意，将心比心，李家舍了儿子一条活生生的性命，才换来个儿媳妇，说白了，自己女儿这命，就是人家李家给的，今天要带走女儿，村里人不戳自己的脊梁骨才怪？更何况，看今天这架势，李家人多势众，好汉不吃眼前亏，只能从长计议了。高老汉一声长叹，送女儿高燕进了堂屋，婚事办完，高老汉就回了家。

可怜的高燕，哪有想到自己的婚事会变成这个样子，竟然要跟一个患病的男人过上一辈子。她该如何面对丈夫和家庭呢？

按照当地风俗，新婚第三天，是新娘子回门的日子，高老汉夫妻一大早就盼着女儿女婿回家来。可左等右等，都大中午了，村头也没出现女儿的影子。老伴放心不下，催着高老汉赶紧打个电话问问情况。李家在电话那头解释："亲家公，不是我们不让你闺女回娘家，李滨那天犯病，到现在还昏昏沉沉，不怎么清醒，等他病情稳定了，就让他陪高燕回娘家看望你们二老。"李家貌似合理的解释，让眼巴巴的高老汉失望之极，但也只能作罢。

高燕跟李滨是娃娃亲，谈不上有啥感情，再加上李家婚前隐瞒了病情，这也让高燕心生不满。两人婚后磕磕碰碰，争吵不断。尤其每次提到回娘家这件事上，李家总是遮遮掩掩，有意回避。时间长了，高燕也知道婆家的心结，再加上很快她也有了身孕，回家这件事，就此暂且搁下。

第二年，高燕顺利地生下一个健康的女儿。公公婆婆看到高燕安心过日子，也有了孩子，就帮衬着小夫妻俩，在村西头重新盖了四间房的小院，正式分了家。然而，这暂时的平静，能够掩盖高燕不能回娘家的矛盾吗？很快，一场暴风雨就要来了。

高燕的母亲想念女儿，希望她跟丈夫商量，能带上孩子一起回娘家住上一段时间。高燕满口答应："娘，我们商量好回家的日子，就提前告诉你。"听到这话，高燕母亲满心欢喜。然而，她等到的不是女儿归家的身影，却等来了女儿被丈夫暴打的消息。这又是怎么回事？

原来，高燕向丈夫提议，夫妻俩带着孩子一起回娘家小住几天，这刚一张口，就被李滨断然拒绝："不行，孩子还小，经不得风雨，更何况你爹你娘，打你进门，就嫌弃我有病，我才不进他那个门，看他们的老脸呢。"遭到拒绝的高燕发泄对丈夫的不满，争吵，哭闹，摔东西。高燕越是要回去，李滨越是不放心，说死说活都不放行。一哭二闹三上吊之间，在气头上的李滨就伸手打了高燕。

被打的高燕，抹着眼泪给母亲打了电话。高燕母亲听到女儿挨打的消息，又生气又心疼，赶忙催促高老汉坐车去看看。高老汉赶到古井村，见到哭成泪人的女儿，高老汉强压着怒火，指责李滨不该动手打媳妇。“结婚两年了，高燕从来就没有回过娘家，我们也知道你的想法，怕我们嫌弃你，可是现在孩子都有了，谁会嫌弃你呢？这样吧，你要是不愿意回去，我带高燕和孩子回家住上一段时间，然后老汉我亲自给你送回来，行不？”

“不行，嫁出去的女儿，泼出去的水，到我家就得听我的！”李滨的粗声粗气，让高老汉一下火冒三丈，“你怎么这么不讲道理，高燕又不是卖给你家了，凭啥回个娘家都要听你的。高燕，我们走！”说着，高老汉拉起女儿便往门外走。

你们敢？李滨毫不示弱，一下子堵住了堂屋大门说：“不能走，高燕，高燕她在外边有人！”什么，女儿有外遇，这怎么可能？李滨的话，让高老汉目瞪口呆。

原来，高燕在村里当姑娘的时候，曾经偷偷地处过一个男朋友，由于自己定下了娃娃亲，两人含泪分手。婚后，男友也听说高燕不幸的婚姻遭遇，两人偶尔悄悄通过电话进行联系，不知道怎么被丈夫给察觉了。李滨就认定，高燕回娘家就是去找相好的，高燕怎么解释，他也不相信。于是高燕发誓不再来往。可李滨还是不放心，对高燕严加看管，别说回娘家，就是平日出门，也要让亲朋好友帮忙留个心。

这一下，高老汉总算明白女儿不能回家的原因了。原来，女婿李滨还是怕高燕回了娘家以后，带着孩子不再回来。那样一来，他不但成了光棍儿，还会成为村里人的笑话。

高燕极力否认丈夫无端的猜测，高老汉当然愿意相信女儿的清白，可李滨有鼻子有眼的描述，让高老汉也拿不定主意，李滨所说的高燕的前男友，他也有所耳闻，今天把高燕强行带回去，搞不好，会闹得天下大乱。

想到这儿，高老汉犹豫了，他一跺脚，指着李滨的鼻子说：“小子，高燕是你媳妇，可也是我们老两口的心头肉，这次就算了，今后你要是再敢动手，老汉我饶不了你。”说罢，摔门而去，双方不欢而散。

兴许是高老汉说的硬话起了作用，李滨对高燕的态度逐渐缓和，高燕想想女儿也慢慢长大，吵吵闹闹的也不是个法子，也就不再提及回家的事情。

这年春节刚过，高燕发现自己又怀孕了，没准是个大胖小子。就在大家热切期待新生命到来的时候，一个意外的变故，将两家人的命运彻底推向深渊。

这天下着大雨，高燕哥哥乘坐面包车进城，因为超载，加上道路湿滑，在一个急转弯处失去控制，车子掉进了路边深沟，连带高燕哥哥在内，车上的三个人全部遇难。

噩耗传来，高老汉夫妇伤痛欲绝。尤其是高燕母亲，白发人送黑发人，想到自己辛苦拉扯大的两个孩子，一个阴阳相隔，永远别过。一个出嫁未归，难以相见。心中难过，就一病不起。

变故传来，高老汉希望高燕能回娘家陪陪母亲。然而，李滨再次拒绝："你这胎兴许是个儿子，绝对不能有任何闪失，不能回去。"高燕母亲病情进一步加重，总担心再也见不到自己的女儿，整天以泪洗面。高老汉看在眼里，急在心上，他打定主意，再到李滨家走一趟，无论如何，这次得把女儿接回来。

高老汉再次出现在李滨家，然而李滨说什么都不同意："高燕现在已经怀孕了，山路颠簸，万一路上出现闪失怎么办？"高老汉说："没有问题，路上有我照顾着她，再说你也可以一块回去嘛。""我也回去？那可不成，马上就要农忙了，这个节骨眼，我可走不开！"李滨拒绝说。

好你个李滨，高燕母亲危在旦夕，她唯一的心愿就是想见见女儿，今天走也得走，不走也得走，我就不相信，连自己的亲闺女都领不回去。

高老汉强拉着高燕要离开，李滨死死堵在门口不放行。推搡之间，高老汉哪里是年轻力壮的李滨的对手，没两个回合，高老汉就被推倒在地。李滨"砰"的一声关上了院门说："不行，高燕是我哥哥拿命换来的，万一她一去不回，我哥不是白死了，除非你给我家放上20万元，我就放人。"

一场争执让女婿和岳父的矛盾陡然升级。而就在第二天凌晨，女婿李滨就暴病身亡。而警方的勘验结果表明，李滨并不是病死，而是被人用闷棍打死。高燕身怀六甲，不可能作案，那么她到底隐藏了什么秘密呢？

警方现场搜查很快有了结果，床底下找到一个包裹，打开一开，居然是一件带血的外衣，李老汉夫妻认出，这正是高老汉的衣服。证据找到了，高燕的心理防线彻底崩溃，她知道再也隐瞒不下去了，承认是自己的父亲高老汉杀死了丈夫李滨。警方迅速赶到高家，抓获了守在老伴病床前的高老汉，他对杀死李滨的事实供认不讳。

原来，高老汉被李滨推出门摔倒在地后，气得咬牙切齿，“高燕她娘病重在床，连医药费都四处举债，而这个女婿竟然索要20万元，还动手打了我，简直是天理难容！要想女儿回家，障碍只有一个，那就是李滨，你不仁，别怪我不义。对，只能这么办！”

愤恨难平的高老汉打定了主意，躲坐在村口的山坡上，等待李滨的，将是一个什么样的夜晚呢?

夜半时分，高老汉悄悄地潜回了李滨家。他翻过李滨家的院墙，顺手拿起一根木棍，蹑手蹑脚地来到李滨睡的东头房屋外，趁着月光，透过窗户，隐约看见李滨仰面躺在床上已经睡着，房门并没有上锁。他轻轻拉开房门，走到床边，照准李滨的头，狠狠地打了一棍。李滨被打后一阵抽搐，看样子想坐起来，高老汉照头又是几闷棍，李滨就此倒在床铺上。

睡在正屋的高燕被惊醒了，她跑过来拉亮了电灯，赶紧夺下了父亲手中的木棍，再看李滨，已经没了气息。看着眼前的一切，高燕吓得浑身发抖:“爹，你闯下大祸了，赶紧走吧。”“我走了，你咋办？要走，我们一起走。”高老汉不放心自己的女儿。“不行啊，孩子还小，不能没有娘，更何况，我现在挺个大肚子，咋跑啊？”高燕慌乱中找出几件衣服，让父亲换下带血的外衣，告别女儿，高老汉消失在茫茫夜色之中。

看到父亲逃走，高燕收拾起沾血的衣服藏到床底，用水洗净了李滨脸上的血迹，呆坐到天快亮的时候，想出假报丈夫羊痫风发作而死的理由。可是警方的侦查和床下的血衣还原了事实的真相。

最终，高老汉和高燕被移送检察机关。高老汉杀害李滨涉嫌故意杀人，可高燕并没有参与杀人啊，她又是涉嫌什么罪名呢?

我国刑法第310条规定，明知道是犯罪的人，但为其提供隐藏的地方和财物，帮助其逃匿或者作假证明包庇的，处三年以下有期徒刑、拘役或者管制；情节严重的，处三年以上十年以下有期徒刑。

本案中，高燕明知道父亲故意杀死李滨，并没有报案，而是主动提供衣物协助父亲逃跑，并清理现场血迹，然后以丈夫李滨发病而死为由，企图包庇高老汉的故意杀人行为，以逃避警方追查。

人民法院经过审理后认为，高老汉故意非法剥夺他人生命，其行为构成故意杀人罪；高燕明知父亲杀害李滨，而作假证包庇高老汉，其行为构成包庇罪，公诉机关指控罪名成立。

鉴于该案是家庭内部矛盾引发，被害人李滨对事件的发生也存在过错，最终判处高老汉犯故意杀人罪，处无期徒刑，剥夺政治权利终身；高燕犯包庇罪，但她已生育孩子需要哺乳，遂判处有期徒刑两年，缓期三年执行。

律师评点>>>

生活有两个悲剧，一个是欲望得不到满足，另一个是欲望得到了满足。

案例中高老汉一而再、再而三地要求女儿回娘家，引发女婿及家庭的怀疑，导致双方误会越来越深，矛盾越来越大。为了带女儿回家，高老汉完全丧失理智，竟然用木棒杀死了自己的女婿，触犯刑律而锒铛入狱，也连累了无辜的女儿，结局令人唏嘘。

丈夫李滨的自私固然不对，但试想，高老汉如果能够以退为进，加强双方家庭的平等沟通，缓和与女婿之间的矛盾，消除女儿回家给男方带来的误会，这场家庭悲剧是完全可以避免的。

然而，归根结底，是配阴亲、娃娃亲这样的腐朽婚恋文化，为日后之事埋下了隐患。要着力转变村民观念，革除陈规陋习，倡导文明、节俭、健康向上的新时代文明新风，才能打造清新明朗的农村新家园。

妻子跳楼之后

关键词 故意杀人和故意伤害 强奸罪的预备犯

案例故事>>>

赵磊是一家贸易公司的老总，拥有百万元资产，可谓春风得意，事业有成。这一天上班以后，不知道为什么，感觉格外心神不宁。突然，办公桌上电话铃声急促地响起，赵磊拿起电话，是小区邻居打来的："不好了，出大事了，你家燕秋跳楼了！"

赵磊"腾"的一下子就蹦了起来："啊？跳楼，不可能吧？""哎呀，什么可能不可能，遗书就揣在你媳妇身上呢，你呀，赶紧去医院看看吧。"电话那头又说道。

赵磊和妻子燕秋是大专同学，在那个时候就相互许下终身。婚后的赵磊白手起家创办了贸易公司，现如今，公司的事业蓬勃兴旺，妻子燕秋在家做全职太太。这好端端的怎么就跳了楼呢？这还要从妻子的一个秘密被丈夫偶然发现讲起。

这天赵磊下班后回到家，妻子燕秋正在厨房里烧菜，屋里飘着诱人的饭菜香味。家里温馨的氛围，让在外打拼疲惫的赵磊感到舒适无比。他伸伸懒腰，顺手打开里屋的电脑。电脑启动后的桌面上，弹出了 QQ 聊天的软件，上面显示的是妻子聊天号码在自动登录。看来，长期一人独占电脑的燕秋，连输入密码的程序都省了，赵磊心里暗笑。出于好奇，他想看看妻子在和哪些人聊天说话。

这一看不打紧，可看出了大问题。妻子与网友的聊天记录中，竟然充斥着各种打情骂俏和下流话语，甚至里面还有几段妻子和其他男人的裸聊视频。赵磊顿时怒火中烧。

好你个燕秋，我在外面辛苦打拼，你却在家里边和一些不三不四的男人鬼混，还搞起了裸聊?！赵磊气呼呼地冲进厨房，把燕秋扯到电脑跟前，指着电脑屏幕，怒不可遏地说:“没想到你，竟然这么不要脸！说说，这是怎么回事?”

燕秋一下子吓傻了，她从来没有见过丈夫如此愤怒。铁证之下，她自知也无法抵赖，只得哆哆嗦嗦、一五一十地坦白了一切。

原来，燕秋做了全职太太，脱离社会的她，感觉到了孤独和失落。除了照顾、陪伴孩子，她唯一的乐趣就是上上网，聊聊天。赵磊十分信任自己的妻子，认为她多通过网络了解社会没啥不好，支持她上网。可赵磊哪里想到，外表贤淑文静的妻子，在虚拟世界中却有着不为人知、狂野不羁的一面。他们平静的生活开始悄然发生变化。

一天晚上，燕秋正在网上和朋友聊天，突然收到了一个聊天群的邀请。突发奇想的她，给自己修改了一个网名叫作“寂寞春心”，然后进了群聊。这个暧昧的称呼，一下子引起了男性群友的兴趣。而接下来，“寂寞春心”在聊天群里热情出彩甚至大胆的表现，更是引得群友们纷纷献花、点赞。

脱离社会已久的燕秋，虚荣心得到了极大的满足，似乎让她找回了青春的感觉。丈夫赵磊经常不回家，她就开始整日整夜地周旋在各色男性网友当中，频繁地打情骂俏，深深地沉溺于网络世界的虚情假意当中。

燕秋也偶尔有罪恶感，可转念一想，虚拟世界中，自己和男网友只是聊聊天、调调情而已，没有人知道自己现实中是谁。于是，她就继续在网络上尽情释放着激情和欲望。然而，男性网友的要求，远远不止于满足聊天这么简单……

一天夜里，丈夫依旧未归，燕秋正聊得起劲，她接到了一个叫作“荒原狼”的好友聊天，三言两语下来，对方成熟、幽默的谈吐，给燕秋留下不错的印象。接下来的几天，“荒原狼”总是在网上定时等着和她聊天。一来二往，两人之间的网络感情迅速升温。

又过了几天，“荒原狼”突然发过来一个视频聊天请求，一下子把燕秋愣住了，视频聊天，虚拟世界要真实面对面，这个，燕秋从来没有尝试过，她犹豫了。“荒原狼”说：“聊了这么长时间，还没有看过美女芳容，我远在千里之外，又不会吃了你？”

听到“荒原狼”说得在理，燕秋接受了视频聊天的请求，视频中的“荒原狼”，是一个比自己年龄稍小的男子，英俊潇洒谈不上，但有一种淡淡的男人味道，是燕秋所暗自倾心的。那一夜，两个人聊得很投机，直到天色渐亮才依依不舍地下线告别。

这样的聊天持续了一个月之久，燕秋一天不见“荒原狼”，就觉得心里空落落的。此时此刻，“荒原狼”又进一步提出了新的请求，那就是——“裸聊”。这个可是燕秋所万万不能接受的。“荒原狼”又继续开导她：“看你聊得那样起劲，原来还这么保守啊，咱们只是聊天，又不是玩真的。”

那段时间，丈夫的业务进入关键时期，经常出差。寂寞孤独的燕秋没能经受住“荒原狼”三番两次的鼓动和诱惑，她终于突破了自己的底线，接受了“裸聊”。

“裸聊”带给燕秋极大的刺激和快感。她开始迷失在快乐的天堂与负罪的深渊当中，她害怕自己的所作所为被丈夫知道，但一想到自己毕竟在身体上没有突破出轨的底线，就算不得背叛丈夫吧。

然而，这一切的真相，在今天被赵磊意外地发现。看着丈夫被怒气扭曲的面孔，燕秋吓得扑通一下跪倒在地：“赵磊，我错了，我只是聊天而已，绝对没有做出对不起你的事情。”

赵磊看着深爱的妻子，心中一软，毕竟在社会上闯荡多年，处事有原则也要有分寸。更为重要的是，燕秋没有在身体上真正出轨，也是他作为男人所能接受的底线。于是，他要燕秋向他保证，立即断绝与所有网友的联系，删除所有的照片和视频，感情上要回归丈夫、回归家庭。燕秋连连点头答应。

一个多月过去了，生活似乎恢复了平静。赵磊又全身心投入到繁忙的公司业务当中，但是妻子跟网友裸聊的家丑，一直萦绕在心底。今天，燕秋突然跳楼让他觉得非常意外，自己不是已经表明不再追究那件事情了吗？她为什么还要自杀呢？而接下来事实的真相，更是赵磊做梦都想不到的。

经过全力抢救，燕秋脱离了生命危险，是楼下伸出的一根树枝，挂住了凌空而下的燕秋。然而，高空坠落造成她右腿粉碎性骨折，而且伤及坐骨神经。医生讲，手术的最好结果，恐怕下半辈子也可能要与轮椅为伴。

坐在床边的丈夫目光充满着关爱，而更多的却是疑问："告诉我，燕秋，到底发生了什么事？"面对丈夫，妻子再也忍不住了，"哇"的一声，扑倒在丈夫的怀中，哭着讲述起被恶魔缠身的那些个日日夜夜。

原来，燕秋按照向丈夫做出的保证，断绝与群聊网友的所有联系，她决定痛改前非，自个儿不能再辜负赵磊、辜负家庭。她恢复到早睡早起、相夫教子的平静生活。然而，一封电子邮件让这一切成为泡影。

这一天，燕秋收到一封陌生的邮件，点击开来，竟然是"荒原狼"发过来的，"荒原狼"突然找不到燕秋，他在邮件中肆意倾诉着对她的思念，肉麻的话语，让燕秋看得面红耳赤。想到自己对丈夫的承诺，燕秋迅速删除了这封电子邮件。

然而，接二连三的邮件像雪片般飞来，"荒原狼"的口吻随着燕秋的置之不理，开始变得无耻起来。在邮件中，他竟然提出了见面的要求，甚至要求和燕秋发生一夜情。

燕秋开始觉得，"荒原狼"并不像自己想象的那么简单。她思前想后，决定给"荒原狼"回复一封电子邮件，请他不要再来干扰自己的生活。然而，"荒原狼"敏锐地感觉到了燕秋的顾虑和担心，他开始步步紧逼，他向燕秋发来了她"裸聊"的视频和照片，威胁她，三天之内，如果不出来跟他见面开房，就将这些视频和照片公布上网。

裸照！上网！公布！燕秋连日绷紧的神经要彻底崩溃了，事到如今，燕秋终于看清了这只"荒原狼"的本性，见面？开房？那是万万不可能的。可是，这只狼手上那些裸聊的视频和照片，可全是自己的把柄，一旦上网公布，自己会身败名裂、家庭会支离破碎、丈夫的事业会一落千丈，后果是她不敢想象的，燕秋陷入了极度的无助和彷徨中。

三天的期限很快就到了，“荒原狼”使出了撒手锏，将燕秋一张暴露的照片上传在群聊的空间，引起了群友的纷纷围观和议论，污秽不堪的词句将燕秋推向了绝望。

卑劣的“荒原狼”已经开始上传自己的不雅照片，接下来他会干出些什么？那些不堪入目的视频或截图，一定会被丈夫或朋友看到的，自己有什么脸面活在这个世界上，燕秋想到了死。就在出事的那天，燕秋在写好遗书后，站在了小区的楼顶，绝望地纵身一跳。

虽然是不幸中的万幸，燕秋捡回了一条命，但亲朋好友的关注，不免夹杂着闲言碎语和无端的猜想，丈夫是不是做出了什么对不起媳妇的事情？无法启齿的缘由，让赵磊倍感压力。

看着身残的妻子悔恨的神情与憔悴的面容，赵磊怒火中烧，好你个“荒原狼”，若不是你百般挑逗勾引，一向贤淑的妻子，绝不可能做出如此下作之事。如此奇耻大辱，他忍无可忍，可是为了自己和家人的面子，又不能报案。如果再不教训这只“荒原狼”，自己就枉为男人！

赵磊再也无法静心工作。他委托副总全权打理公司业务，开始精心策划自己的“锄狼计划”，一定要狠狠收拾这只无耻的“荒原狼”。

首先，他用妻子的“寂寞春心”的号码，重新添加了“荒原狼”作为好友，告诉他前段时间家里出了些变故，所以没有联系。此时的“荒原狼”并不知道“寂寞春心”已经不是燕秋，依然频频提出见面开房的要求。赵磊以近期身体不适委婉地予以拒绝，同时开始小心翼翼地套取他的真实信息。然而，关于自己的真实姓名和身份，“荒原狼”只是闪烁其词，故意回避。

通过一段时间的聊天摸底，赵磊逐渐确定了“荒原狼”的位置，是在自己所在城市北部的某县。交谈得知，“荒原狼”的妻子在县里经营着一家品牌电器专卖店。

第二天，赵磊立即驾车赶赴当地，费尽周折打听，终于找到了这家电器专卖店。然而，专卖店进进出出的人很多，很难发现和确定“荒原狼”的身份和行踪。而且，自己直接上门，肯定打草惊蛇，这可如何是好？

赵磊灵机一动，他记下了店门牌上的业务电话，以买电器为由，向“荒原狼”的妻子询问她家的住址在哪里。“荒原狼”的妻子很警觉：“买个电器，到公司来就行了，要我家地址干吗？”她果断地挂了电话。赵磊在当地滞留了两天，一直没有见到“荒原狼”的影子，最后不得不打道回家，首次“锄狼行动”失败。

狡猾的“荒原狼”始终保密着自己的真实身份，也不到店里来，该怎么实施“锄狼计划”呢？俗话说得好，舍不得孩子套不得狼，只能冒充妻子同意与“荒原狼”见面，再次执行“锄狼计划”。

这一天，赵磊继续用“寂寞春心”和“荒原狼”聊天，说自己正好要到“荒原狼”所在县城办事，同意和他见面。“荒原狼”大喜过望，随后约定，三天后的傍晚六点，在距离县城客运站不远处的一家快捷酒店的大堂里见面。

三天后，在约定的时间和地点，这只无耻的“荒原狼”如约而至。躲在暗处的赵磊，认真研究、比对着裸聊截图和照片，他已经熟悉并记住了这个男人的相貌，这个人，正是他要“猎取”的目标。

仇人相见，分外眼红。就在他按捺不住要冲出去的那一刹那，突然意识到，如果此时冲过去，就必然会暴露自己，惹下麻烦，所以，只能先搞清楚“荒原狼”的真实身份和准确住址，之后再择机下手，才能不留后患。

赵磊强压住怒火和冲动，跟踪着失望而返回家中的“荒原狼”。经过几天秘密的走访打听，终于确定了“荒原狼”的真实身份，这名多次与妻子裸聊，而后威胁妻子见面的人，名叫吴良。

万事俱备，只欠东风。“锄狼”的目标业已锁定，为民除害的决心已下，赵磊的“锄狼计划”能够顺利实现吗？

在此期间，燕秋并不知道丈夫的“锄狼计划”，只是隐隐感觉到了丈夫眉宇间隐藏着杀气。躺在病床上的她，也提醒丈夫，不要做傻事。赵磊淡淡一笑说："好好养病，其他的事情，你就不要操心了。"天气一天天地冷下去，燕秋的担忧在一天天增加。终于，在那个北风呼啸的夜晚，一切担心都变成了现实。

在锁定"荒原狼"的真实身份之后，赵磊做了充分的准备，他买来复仇的尖刀，两次驾车进行踩点，对吴良所居住的村镇附近地形做到了然于胸。

那天夜里，赵磊驾驶一辆无牌摩托车到达吴良家附近，首先将吴良家里的电表箱断了电，然后瞄准院外停着的面包车，用石块狠狠砸过去，车内的报警器鸣声大作。过了一会儿，就看屋内的门开了，一个披着棉衣的身影出现在院门口。赵磊借着月光仔细打量，正是吴良。

只见吴良四下瞅瞅没发现什么异样，他拉开面包车车门，关闭了报警器，发动车子将车开进了院门，随后，吴良锁好车门，走到院门口。在他要关闭院门的一刹那，赵磊突然从暗处窜出去，拔起尖刀向吴良小腹猛刺过去。几刀下去，吴良惨叫着向屋内逃去，尖叫声将熟睡的妻子从睡梦中惊醒，她睁开眼，身旁的丈夫不见了踪影，拉开灯，灯没有亮，正当她还在迷迷糊糊中，就见丈夫紧紧捂着腹部，跌跌撞撞地冲进屋子，然后"扑通"摔在地上，一句话也没喊出来，鲜血从腹间喷涌而出……

行刺成功的赵磊扭身向藏着摩托车的地方跑去，将刀收拾好，从容地发动摩托车，向村外飞驰而去。返回后，赵磊把行凶的刀子擦拭干净后，又细心地涂上了一层厚厚的黄油，这才把它藏了起来。第二天，自以为干得天衣无缝的赵磊回到公司，照常上下班，身边的同事没看出一丝异常。

吴良月夜被杀身亡，是仇杀还是情杀？一时间，各种小道消息在当地传得沸沸扬扬。警方的调查迅速展开，专案组发现，被害人吴良喜欢在网上和异性聊天，且言语暧昧，各色网友竟达上千人。警方随即对其上千个网友逐个开展调查。

终于，专案组在其电脑里发现了"寂寞春心"的裸聊视频、照片和电子邮件。在电信部门的协助下，警方辗转找到了躺在病床上的燕秋。可是，谁也不相信，眼前这个躺在病床上的弱女子，能够赶赴千里之外，去行刺一个年轻精壮的男人。

警方将疑惑的目光转移到燕秋的丈夫赵磊身上，赵磊当然矢口否认："我根本就不认识这个叫吴良的陌生男人，怎么可能去千里之外作案？公司的同事都证明，赵磊近期一直忙于公司业务，没有发生什么异常情况。"

警方通过分析认为，鉴于妻子燕秋被吴良胁迫，要求见面开房，燕秋不堪精神压力跳楼自杀，其作为丈夫，和妻子的感情一直很好，具有作案的动机和可能。警方决定，对赵磊的家里和办公室进行突击搜查，在办公室书柜下面，警方找到了一把裹满黄油的尖刀，经过与被害人吴良的刀伤比对，确定赵磊具有重大作案嫌疑。

铁证如山之下，原以为一切天衣无缝的赵磊，不得不向警方坦白交代了"锄狼计划"的关键行动——行刺。

案件水落石出。公诉机关以涉嫌故意杀人罪对赵磊提起了公诉，而赵磊的辩护人提出，赵磊应当是涉嫌故意伤害而不是故意杀人。那么，这两者之间有什么区别呢？

故意伤害和故意杀人两罪的关键，在于犯罪的主观故意，故意伤害罪的主观故意在于侵犯他人身体健康权利，故意杀人罪的主观故意在于侵犯他人的生命权利，这是两种罪名本质特征的区别。

我们从理论上分析，好像能够轻松地区分故意伤害和故意杀人，但是，现实司法实践中，却远远没有这样简单。所以，判断犯罪嫌疑人行为到底应该定什么样的罪名，要结合整个案情，从使用什么样的犯罪工具，工具的杀伤力如何，工具是否提前选择，伤害的具体部位、打击的力度如何，犯罪行为是否有所节制，犯罪时间、地点及环境的选择，犯罪预谋情况，犯罪嫌疑人与被害人之间的关系及矛盾等多方面进行全面分析，才可以相对准确地判断。

公诉机关认为，吴良以裸聊视频逼迫燕秋见面开房，导致燕秋跳楼自杀，作为丈夫的赵磊，他的复仇动机是强烈且明确的。行刺前，赵磊对犯罪地点、环境、路线等做出详细的查访，对行刺的每一个环节做出了充分的预谋，准备了行刺尖刀这样烈性作案凶器。更为重要的是，行刺当中，赵磊用尖刀直接刺向了吴良的腹部，对如此要害部位的侵害，比其他部位更容易直接造成被害人吴良的死亡，从这个侧面也能够反映出赵磊系故意杀人而非故意伤害的犯罪心态。

听取了公诉人的意见后，赵磊主动低头认罪，但他也提出自己的质疑，说我故意杀人我认罪，可是吴良也是过错在先，他的行为应当怎么认定呢？说是敲诈勒索，可他从来没有向燕秋索要过金钱或者财物，要说强奸吧，可吴良连自己媳妇的面都没见过，怎么能叫强奸呢？所以，我觉得法律不能保护自己的权益，所以才出此下策。

这是一个非常有意思的法律问题，吴良的行为到底如何认定呢？

我国刑法第236条规定，以暴力、胁迫或者其他手段强奸妇女的，处三年以上十年以下有期徒刑。第22条规定，为了犯罪，准备工具、制造条件的，是犯罪预备。

本案中，被害人吴良采取用公布裸聊视频和照片的手段，威胁燕秋见面开房发生性关系，其行为已构成强奸罪，虽然吴良连燕秋的面都没见过，但是吴良为强奸犯罪积极地、多次地制造条件，属于预备犯。对于强奸罪的预备犯，完全可以定罪，只是在量刑上，可以从轻、减轻或者免除处罚。

人民法院经过审理，考虑到死者吴良的过错，最终以故意杀人罪判处赵磊有期徒刑15年。瘫坐在轮椅中的燕秋泣不成声：“是我毁了你，是我亲手毁了这个家啊。”庭审宣判结束，威严的法警押解着赵磊走出法庭，囚车发动，警笛长鸣。赵磊在围观者的唏嘘声中泪流满面。

律师评点>>>

狂热的欲望，会诱出危险的行动，干出荒谬的事情来。

妻子为自己在网络上虚无的欲望，付出沉重代价，终身瘫痪在床；丈夫为妻子“维护”正义，举起复仇尖刀刺向男网友，最终锒铛入狱。网友寻求刺激，违反道德准则和法律，命丧黄泉。三个人的行为全部与道德和法律背道而驰，结果是惨痛的，教训是深刻的。

如果丈夫及时报警，男网友的行为依法构成强奸罪的预备犯，会受到法律的制裁。然而，正是对法律认知错误，导致丈夫选择自力救济，最终酿就悲剧。

网络虽然是虚拟世界，但仍然需要遵守道德准则和法律规范。学法懂法始于心，守法用法践于行，每个人都应掌握学习法律知识和增强法律观念，做一个学法、用法、守法、护法，道德高尚的好公民。

再婚家庭儿女的恋情

关键词 非监禁刑的适用

案例故事>>>

2015年9月的一天傍晚，南方某小区居民楼里，水果店老板刘志气冲冲地一巴掌扇在儿子脸上，愤怒地说："小芳是你妹妹，你们不能在一起！"儿子脸上顿时一道血印，他捂着脸好生委屈：我们是正当恋爱，你们凭什么要把我们分开！

哥哥和妹妹要在一起谈恋爱，这还了得，难怪父亲要发这么大的火。可是，儿子又说，他和妹妹是正当恋爱，这究竟是个什么样的特殊家庭，兄妹恋爱又有怎样的隐情呢？本案要从父亲刘志的第二次婚姻说起。

三年前，刘志妻子因病过世，后经人介绍，他认识了比自己小一岁的江燕。江燕丈夫两年前遭遇车祸身亡。刘志有个儿子叫大刚，江燕有个女儿名叫小芳，两个孩子都在省城上大学。刘志和江燕一见面，觉得年龄合适，经历相似。经过一段时间的相处，两人都十分中意对方，于是打算重新组建家庭。

可喜的是，两人的想法也分别得到了孩子的理解和支持，双方到民政部门进行了结婚登记。之后江燕收拾好东西，就搬进了刘志的两居室。两人喜气洋洋。可是，没过多久，随着寒假来临，两个孩子相继回家，这尴尬事儿就出现了。

刘志这套房子只有两个卧室，夫妻俩住一间，剩下的一间卧室到底给谁住呢？这下可把两口子难住了。他们是重组家庭，都怕伤害孩子，和继子女处不好关系，谁也不好做主拿意见。

这个时候，大刚主动站了出来，让妹妹住卧室，我睡客厅。小芳看着大刚说：“哥，这怎么行，还是我住客厅吧！”大刚笑笑说：“都是一家人了，不要这么客气，我是哥哥，这‘厅长’还是我来当。”

听到这儿，妹妹小芳笑了，刘志和江燕也松了口气，事情就这么顺利解决了。

寒假后，两个孩子就要返回学校，父母叮嘱他们在省城要相互照应。大刚和小芳原来并不认识，这成了一家人，两个年轻人的联系就多了起来。小芳喜欢旅游，礼拜天没事，就主动联系哥哥，一起结伴游玩。刘志和江燕看着一双儿女发回来的合影，心里别提有多高兴了。

看到孩子们相处融洽，刘志放心多了，生意也做得更起劲。他计划攒够钱就换大房子，让孩子们回来能住得宽敞些。

两年后，大刚和小芳大学毕业，先是一起留在省城，半年后，大刚先回来，应聘在当地一家单位上班。没过多久，小芳也回来了，准备参加教师资格考试。在家里，依旧是大刚住客厅，小芳住卧室，一家人是和和睦睦，令人羡慕。

可是，刘志和江燕渐渐发现，这儿子和姑娘之间的关系好像有些不对劲，夫妻俩非常烦恼。这究竟是怎么回事呢？

首先是母亲江燕察觉到异常，两个孩子不约而同地留在省城，现在又一前一后回来工作，在家两人也是同进同出，形影不离，这兄妹俩不会是好上了吧。她把自己的担心跟丈夫讲了。

虽说是兄妹，可毕竟男女有别，搞得跟恋人一样，这不是招人闲话，说咱们教子无方吗？刘志暗自观察琢磨，越看越觉得不对劲儿。于是，夫妻俩商议，由江燕出面跟女儿谈谈心。

这天，趁大刚外出，江燕将小芳叫进卧室。小芳先是左右敷衍，但在妈妈不依不饶的追问下，只好说了实话：“我和大刚毕业前就恋爱了，怕你们接受不了，才一直没说出来。”

江燕一听就急了：“你们是兄妹，在一起谈恋爱，这不成了乱伦吗？”小芳一听不乐意了，“我和大刚又没有血缘关系，怎么是乱伦？”“不行，反正你们不能在一起。”江燕坚决反对。

可是，任凭江燕嘴皮说破，小芳就是不听，还摔门而去。扔下老两口面面相觑，不知如何是好。

小芳走后不久，大刚回来了。刘志劈头盖脸把儿子臭骂一通，没想到儿子的态度比小芳更坚决，你们同意最好，否则我就搬出去住。听到儿子这样讲，气急败坏的刘志生平第一次伸手打了大刚一个大嘴巴。这才出现了案例开头的那一幕。

这一巴掌可不得了，大刚立马收拾东西搬到了单位宿舍。小芳回家后看到大刚搬走，气得也不搭理老两口。和睦的家庭关系瞬间掉入了冰窟窿。

这天晚上，刘志辗转反侧，无法入睡，这好端端的家庭关系，怎么说变就变了呢。妻子说：“是不是我们想太多了，要不，我们听一听亲朋好友的意见吧。”

第二天，夫妻俩避开两个年轻人，邀请双方亲友召开了家庭会议，请大伙给眼下这个难题出出主意，支支招儿。

家庭会议开得热火朝天，亲友们分成了两拨，一拨是反对派：天下哪有父母是两口子，儿女也成了两口子的道理！规矩不能破，没有血缘关系，也是哥哥，必须马上分手。另一拨是支持派，认为两个孩子没有血缘关系，这亲上加亲是个好事。

两派是公说公有理，婆说婆有理，本想让大家拿主意，结果反而让刘志夫妇犯了难。

正当他俩举棋不定的时候，一个消息传来，夫妻俩不得不搁置争议，立即同意了这对年轻人的结合，并赶紧操办起婚事。

原来，小芳告诉江燕：“妈，你们不要再逼我了，我们已经不可能分手。”“为什么？”江燕奇怪地看着女儿。“因为我，我已经怀上了大刚的孩子。”小芳回答。

什么，妹妹已经怀上了哥哥的孩子？江燕听后目瞪口呆，这生米都煮成了熟饭，看来，这事情真的不能再拖下去了，否则，这女儿挺着肚子，住在家里，又怀的是哥哥的孩子，一家人怕是一辈子都抬不起头来。

可是，答应这两个孩子在一起倒是小事，可如何跟亲朋好友交代这件事呢？夫妻俩一筹莫展。

正在这个时候，江燕的妹妹出了个主意：“姐，我出个招儿，实在不行，只有牺牲你和姐夫了，你俩办理离婚，这样一来，大刚和小芳就不是兄妹了，他们在一起，不就名正言顺了。”

说实话，刘志和江燕夫妻感情很好，谁也舍不得离开谁，可是为了成全孩子，保全名声，老两口只好豁出去了。

晚上，老两口跟孩子们商量这事儿。没想到，大刚坚决不干：“你们这是啥主意呀，这分明是变着法子逼我们分开嘛。”小芳也不同意：“不行，再怎么说你们是长辈，不能为了我们，拆散你们。”

儿女都不同意，这下老两口又傻眼了。最后，还是江燕妹妹主意多，她亲自上门劝小芳：“你这肚子眼见着就藏不住了，不能再拖下去了。不如这么着，父母对外先搞个假离婚，你和大刚先把婚事办了，等风头过了，他们再找机会复婚。”

假离婚？再复婚？这个主意听起来虽说有些尴尬，但事到如今，大家认为，这不失为一个各方都可以接受的好办法。事不宜迟，第二天，刘志和江燕就赶到民政局办理了协议离婚手续。然而，让他们万万没有想到的是，这所谓的“假离婚”竟然在没多久之后，变成了真离婚。

双方领取了离婚证，刘志就和江燕商量，我和大刚先出去租房住，把房子腾给你和小芳住，等孩子结婚后，大刚再搬回来。小芳听了坚决反对：“爸，假离婚已经很委屈你了，还让你出去租房子，我们实在于心不忍。”

刘志态度坚决：“我和你妈都离婚了，就不能继续住在这里了，要不，别人不会相信。只要你们过得好，我租个房子怕什么，就是要我睡在马路上，我也心甘情愿。”

一番话说得在场的人无不动容，尤其是小芳，感动得泪流满面。她拉住江燕说：“妈，你把租出去的房子收回来，让爸爸去住吧！自己有房，干吗还要去租房？”

什么，把租的房子收回来？女儿的话让全家人一下愣住了。江燕回过神，赶紧说：“什么房子？你胡说什么呀？”

“就是咱家那套大房子呀！妈，你就别瞒着爸了。”小芳急了。

刘志疑惑地望着妻子，江燕的脸涨得通红，连忙解释说：“老刘，我跟……跟前夫是有一套房子，忘了跟你说了……”

什么，再婚妻子私下有一套房子，而自己竟然一直被蒙在鼓里，刘志一下子就愣住了。

原来，江燕前夫去世前，曾经买彩票中了50万元，买了一套140平方米的大房子。江燕和刘志再婚时，这套大房子刚刚装修完毕。因考虑到自己没有工作，没有收入，那套房子又是婚前财产，于是，江燕一直就说自己没有房子，把房子租了出去，租金悄悄存了起来，打算留给女儿做嫁妆。

因为房子落在去世的前夫名下，没有办理过户，所以，江燕以为刘志根本不会知道。哪知女儿却莽撞地把这个秘密抖了出来。刘志听后心情大变。

小芳是情到深处，这才抖出了秘密。可是，她哪里料到，这个秘密，就像多米诺骨牌，给这个家庭带来无穷无尽的麻烦。

其实，刘志是个实在人，对妻子的财产没有任何贪念，只是这种欺骗让他受不了。回想当初，因为房子不够住，江燕女儿睡卧室，自己儿子睡客厅，刘志心里还是有想法的。先前的事情过去倒也罢了，现在眼见着儿女要结婚，自己没办法只能出去租房子住，江燕她还是不肯拿出房子，这算什么事儿吗！

刘志越想越气，当晚质问江燕：“房子是你的，我夺不走，为什么要瞒着我呢？”江燕也知道这事不好圆场，只有不停道歉，说：“刚结婚时对你了解不够，没敢说，到了后来吧，就把这件事给忘了。”

忘了？怎么可能？刘志认为江燕的话完全是托词，“你到底还有多少事瞒着我？”

“你胡说什么，我哪里还有什么事儿瞒着你。”江燕见刘志得理不饶人，也很生气。两人你争我吵，话越说越难听。刘志一跺脚，就搬出去在外租房住。江燕也不相让，第二天也退了租户搬回了自己的大房子。

这下可好，不用宣扬，大家都知道这两口子闹起了离婚，假戏竟然变成了真唱，两人的矛盾越闹越大。

老两口闹起了矛盾，可眼看着小芳的肚子一天天变大，她和大刚的婚事可怎么办呢？

闹归闹，可儿子结婚这是大事，刘志没有怠慢。他拿出全部积蓄，把老房子装修一新，还添置了家具电器，只等找个好日子，让两个孩子把婚事办了。

按照当地风俗，结婚前，需要办一个订婚酒席。刘志本来打算省了，江燕却不同意，她没有和刘志通气，就通知了亲朋好友。刘志不满江燕的自作主张，所以当江燕打电话要自己出席订婚酒席时，刘志根本没接茬：“你想咋办就咋办，我出不出面无所谓。”

看刘志跟自己对着干，江燕只得让大刚去跟父亲商量，可刘志说：“小芳妈自己操办就行了，不用来问我。”大刚看父亲还在气头上，也是无可奈何。

订婚前一天晚上，江燕心事重重：“小芳，看你爸这个样子，我俩的婚姻算是走到头了，这假戏可就要真做了。”小芳安慰母亲，你别多想，等仪式结束，我就跟大刚去找爸爸谈谈，让他跟你和好。

第二天的订婚酒席，刘志始终没有到场。这让江燕心里很不是滋味，自己隐瞒婚前房产确实有错，但也是为了给小芳存嫁妆。再说，这小芳最后还不是做了你刘家儿媳妇吗。说到底都是一家人，何苦一直纠结放不下呢？

想到这儿，江燕心里愤愤不平，可转念又想到刘志的各种好处，江燕又舍不得再婚的丈夫。她相信，有小芳和大刚的劝和，刘志一定会回心转意。

江燕期待着一家人重归于好。可是，让她万万没想到的是，自己没有等来刘志的回心转意，却等来了小芳和大刚分手的消息。

这天，江燕正在给女儿没出世的宝宝缝衣服，突然，女儿打来电话哭个不停：“妈，孩子没了，我跟大刚也分手了。”“什么，孩子没了，两人还分手了？”江燕听后是大惊失色，连忙问发生了什么事。

原来，订婚当晚，客人一走，大刚人就不见了，一直等到十一点多，才等来大刚的一条短信，说晚上陪爸爸，不回家了。小芳正在孕期，恨不得男友时刻陪伴。订婚当天，男友居然不回家陪自己，反倒跑去陪老爹，这让她很不高兴。

小芳打通大刚的电话说：“你爸是不是又有什么意见？他事儿真多。”大刚生气地说：“我爸咋多事了？你妈连句真心话都没有，他能没有意见吗？”

小芳本来就不爽，男友又这样跟自己说话，她一下就火了：“多大点儿事呀，你们父子俩有完没完，还算个男人吗？”大刚也火了：“瞧不上我们是吧，那咱们大路朝天，各走一边。”说完，就挂断了电话。

第二天，大刚有事出差，好几天没和小芳联系。好你个大刚，以前对我是千好万好，没想到，这一订婚，翻脸比翻书还快。小芳越想越气，弄得整天心神不宁，下楼梯时一不留神，一下子踩空从楼梯上滚了下来，肚子里的孩子就这样流掉了。

好端端的孩子就这样没了，小芳又痛又气，她把这笔账全算到了大刚头上，于是，给大刚发了一条信息：你对我无情，也别怪我对你无义，我已经打掉了孩子，咱俩的婚约就此取消。

这下可彻底激怒了大刚，他回复道：没想到你这么冷血，你太让我失望了，婚约取消就取消。

听完小芳的哭诉，江燕目瞪口呆，自己和刘志的矛盾还没解决，小芳和大刚又闹起了分手，连孩子也没有了。这一波未平一波又起，到底该怎么办呢？

就在江燕束手无策的时候，刘志居然主动找上了门。

原来，刘志听大刚说小芳打掉了孩子，心里又气又难受。他觉得，小芳是个单纯的孩子，这肯定是江燕背后指使。于是对江燕的怨恨又加深了一层。

这天晚上，朋友家里孩子满月请客喝酒，席间，刘志看到小宝宝粉嘟嘟的脸蛋，想到被小芳流掉的孩子，内心无比郁闷。随着几杯酒下肚，血往上涌，他胸中的怒火烧了起来，于是醉醺醺地闯进江燕住处，指责道：“江燕，你这个歹毒的女人，瞒着我私藏房子不说，还怂恿小芳打掉孩子，你还我的孙子。”

听到刘志这样讲，江燕一下火了：“你这是恶人先告状，不是你挑拨离间，小芳怎么会打掉孩子，现在你还有脸来说我。”

两人你一言我一语，越吵越凶。在酒精的刺激下，失去理智的刘志抄起墙角的棍子，朝江燕脑门上打去，江燕当场晕倒在地。看到地上的鲜血，刘志的酒醒了，他连忙拨打了急救电话，救护车把江燕送进了抢救室。

大刚和小芳闻讯后赶到医院，两人都好生奇怪，这好端端的，父亲怎么会打伤母亲呢？手术室外，刘志号啕大哭，讲述了事情的原委。

原来是这样啊！得知真相的小芳气得直跺脚：“孩子是我不小心摔倒流产的，跟我妈一点儿关系都没有啊！”“什么，是摔倒流掉的？那为什么你说是打掉的呢？”大刚一脸疑问。小芳道：“这都怪你，谁让你那天晚上不回家，还那样跟我说话！”

大刚赶紧解释：“订婚当晚没回家，是因为父亲始终没到场，打电话又不接，自己放心不下，才赶到父亲的出租屋。当时，父亲在屋里喝得大醉，抱着我妈的遗像失声痛哭。”原来，刘志前妻因病去世，他对没能照顾好妻子，一直非常愧疚。对比江燕对自己的隐瞒，他想到前妻的种种好处，于是对着儿子泪流满面：“爸这几年都把你妈忘了，没良心啊。”

父亲的一番话，让大刚心里倍感酸楚，于是决定留下来陪伴喝醉的父亲，没想到因此引起小芳不满，发生争吵，后来又没解释清楚，最终酿下大错，导致小芳流产。

原来是这样，话既然说开了，刘志的心结也打开了：哎，都是疑心惹的祸呀。刘志悔恨不已。

经过一夜抢救，江燕转危为安。刘志跪倒在病床前，恳求江燕的原谅，江燕叹了一口气："要不是我当初隐瞒房产，你就不会对我有成见，也不会发生后来那么多事，我自己也有错。"就这样，风波过后，一家人重归于好。

然而，由于江燕构成了轻伤，检察机关以刘志涉嫌故意伤害罪向人民法院提起了公诉。江燕作为受害者，向法院提交了谅解书。那么，法院将如何处理呢？

人民法院经过审理后认为，被告人刘志酒后打伤江燕构成故意伤害罪，但是，矛盾是因家庭纠纷而生，刘志主观恶性不深，系初犯和偶犯，具有良好悔罪表现，被害人江燕也完全谅解，请求人民法院从轻处罚，最终判处刘志有期徒刑一年，缓期两年执行。

本案例中的"有期徒刑一年，缓期两年执行"为非监禁刑。非监禁刑是相对于监禁刑而言。我国刑法规定，非监禁刑是指不在监狱等禁闭场所执行，不剥夺人身自由，惩罚程度较轻的刑罚种类的总称，包括适用缓刑或者判处管制、单处罚金等。

那非监禁刑该如何适用呢？我国法律规定，应当坚持罪、责、刑相适应原则，判断被告人再次犯罪的可能性，也就是说，是否不再次危害社会，对于那些主观恶性不深、人身危险性较小、社会危害性不大的初次犯罪、偶然犯罪、过失犯罪，而且情节较轻、有悔罪表现、没有再犯罪的危险、不致对所居住社区造成重大不良影响的被告人，依法可以适用非监禁刑。

判决生效后，江燕与刘志重新领取了结婚证，半年后，江燕和刘志、小芳和大刚的婚礼在同一天举行，亲朋好友纷纷前来，共同祝福一家人走出阴霾，重新收获满满的幸福。

律师评点>>>

人的欲望是复合物，是很不容易满足的，那些没有得到满足的痛苦状态，可能会给人带来更多的烦恼。

江燕和刘志为了儿女的幸福，毅然离婚，舐犊之情感天动地。然而因为江燕再婚时，向丈夫隐瞒了婚前财产，引发了刘志的猜忌和怀疑，产生了一系列冲突和矛盾，险些让儿女的幸福坠入深渊。好在双方能够及时消除误会、化解心结，用理解和宽容将爱延续。

人民法院在本案定罪量刑时适用非监禁刑，体现了对被害人合法权益的保护，让社会和公众充分感受到刑罚的公平正义，实现了法律效果与社会效果的统一。

刑罚法律效果追求的不是简单的因果报应，也不是片面的重刑止罪；刑罚社会效果追求的不仅是刑罚适用的客观公正，还应通过刑罚裁量适当，最大限度地体现公平正义。《中华人民共和国社区矫正法》出台，对判处管制、缓刑等刑种的犯罪行为人，如何接受社区矫正的条件、程序和法律后果等作了明确规定，对提高刑罚执行效果，预防重新犯罪起到很好的规范作用。

正义不仅应当被实现，还应当以看得见的方式被实现。

假结婚真悲剧

关键词 因果关系认识错误

案例故事>>>

2015年8月的一天清晨，北方某市的民安小区里，退休职工李大爷夫妻俩还没起床，电话突然响起来，“这么一大早，谁来的电话呀？”李大爷嘟囔着拿起了电话。电话那头传来女婿杨刚的哭声：“不好了，李玉她出事了，人已经不行了，你们赶紧过来看看吧。”

什么？女儿出事啦？李大爷听后就如晴天霹雳，女婿说的李玉正是李大爷的独生女。心急火燎的夫妻俩赶紧出门，打车赶到了距离小区不远的女儿所住的出租屋里。

夫妻俩一进门，只见女儿李玉趴在餐桌上，旁边还有没吃完的火锅，李大妈上前忙摸女儿的鼻子，已经完全没有了呼吸。李大妈经不住打击，“哇”的一声瘫倒在地。李大爷赶紧扶住妻子两人抱头痛哭。女婿杨刚在一旁，脸上露出惊慌失措的表情。

这到底是怎么回事？女儿出了什么事儿？面对李大爷的质疑，杨刚一把鼻涕一把泪地陈述了昨晚发生的事情。

原来，昨晚杨刚在家做了李玉最爱吃的火锅，两人拿出一瓶红酒，边吃边喝边说笑。杨刚突然想起，有一份重要文件第二天要用，于是他告别李玉，匆忙打车返回办公室加班。他把文件整理好后，已经是深夜了，一时之间也打不到车，他就干脆在办公室旁的沙发上躺下了。

第二天一大早，杨刚回到家准备换身衣服，一进门，就闻到一股刺鼻的煤气味。杨刚连忙打开窗户透气，发现妻子李玉趴在桌边已不省人事。他本来打算打急救电话，可一摸李玉的鼻子，已经彻底没气了。惊慌之下，他这才拨通了李玉父母家的电话。

听完杨刚的讲述，老两口心如刀绞，如果一切真如杨刚所说，那么这是一场意外。李玉酒醉酣睡，火锅炉子煤气泄漏，房间狭小加上窗户密闭，导致李玉煤气中毒身亡。

然而，在李大爷眼中，这场“意外”似乎并不简单，李大爷坚持报了警。面对警察，他提出了自己的质疑，女儿到底是不是中毒身亡的？女婿杨刚作为唯一当事人，为何恰好不在现场？是真的突然有急事，还是故意离开呢？

那么，对于女婿杨刚的解释，李大爷为什么不相信呢？要想知道这些，得从李玉和杨刚的“闪婚”说起。

李玉从小备受父母宠爱，半年前，李大爷家得知消息，他家所在的居民区要拆迁。政策规定，拆迁房屋按家庭为单位进行补偿。李大爷夫妻就寻思着，女儿和自己住在一起，属于一个家庭，只能分得一套房。如果女儿能够赶紧结婚组建家庭，就能多分到一套房子。

在父母的催促下，李玉开始频繁地相亲。可相来相去，李玉不是嫌这个傻，就是嫌那个丑，总也找不到合适的。

就在老两口为女儿的婚事焦头烂额时，李玉突然宣布，我已经和前男友杨刚和好了，我们打算马上结婚。

老两口听后坚决反对，因为杨刚曾经狠心抛弃过李玉，让老两口觉得这个杨刚很不靠谱。那杨刚和李玉为什么会分手？这得从李玉和杨刚的校园恋情说起。

那还是6年前，上大三的杨刚在学校迎新活动中，认识了刚刚入校的小师妹李玉。李玉天真活泼，杨刚成熟稳重，两人互生好感，并很快陷入了热恋。可是，随着交往的加深，李玉的任性、自私让杨刚有些吃不消了。

大学毕业后，杨刚应聘到一家外资公司上班，同一个办公室的陈燕引起了他的注意。陈燕文静秀美，端庄大方，杨刚觉得和任性的李玉相比，陈燕更适合做自己的女朋友。杨刚的勤奋能干也打动了陈燕，陈燕主动向杨刚靠近。没过多久，两人就确立了恋爱关系。一脚不能同时踏着两只船，可是，身边这个没毕业的小女友怎么办呢？杨刚狠狠心，干脆向李玉彻底摊牌，提出分手。李玉听后伤心欲绝，几次三番闹着要寻短见。

杨刚怕出事，找到李玉父母帮忙劝慰李玉，他还对李玉发誓："以后只要你有需要帮忙的地方，我一定赴汤蹈火，全力以赴。"李玉闹了好长时间，看杨刚始终不肯复合，加上父母劝慰："女儿啊，天涯何处无芳草？你一定能找到更好的男友。"李玉也只好作罢，双方就此分手。

所以，李大爷夫妻俩对这个杨刚印象非常不好，"小玉，你怎么可以和这种人旧情复燃呢？"然而，女儿李玉不管不顾，坚持说，"那都是过去的事了，我们现在可好啦，我是非他不嫁。"

见女儿心意已决，夫妻俩也无可奈何。一个星期后，李玉和杨刚就到民政局领取了结婚证书。

可是，女儿一个星期就闪婚，婚后还不到三个月，就发生了意外。老两口悲痛万分，他们回想起女儿和杨刚的感情经历，越想越觉得可疑。

那么，到底是李大爷多疑，还是李玉的死另有隐情呢？警方的调查能否证明杨刚的清白呢？

警方进行尸检时发现，李玉确实死于煤气中毒，但奇怪的是，死者后脑勺处，有一处两毫米的头皮出血。经过对头皮出血位置的进一步检验，发现死者脑干有挫伤。而这个受伤的位置，绝不可能是自己摔倒造成的，因为无论怎么摔倒，也碰不到那个创伤位置。

警方现场勘查时还注意到，李玉死亡的最后姿势是趴在饭桌上，如果脑干受伤，伤后会暂时失去行为能力，她是无法自行回到餐桌前的。所以，李玉最后的趴位，很可能是人为摆出来的。

警方调取了房屋附近的监控，发现杨刚离开后，就没人再来过，这意味着，杨刚是李玉死亡前最后接触她的人。种种迹象都表明，杨刚有重大作案嫌疑。警方传讯了杨刚，在一系列证据面前，杨刚无法自圆其说，最后只好如实交代了他失手杀死李玉的经过。

李玉和杨刚已经结婚登记成为一家人，杨刚为什么要杀死自己的妻子呢？他们闪婚的背后，是否隐藏着什么不可告人的秘密呢？这一切，都和三个月前的一纸荒唐协议有关。

这天下午，杨刚快下班的时候，意外接到了李玉打来的电话："杨刚，晚上有空吗，我有要紧事儿找你商量。"

自从和李玉分手后，双方已经断绝了联系，这前女友突然出现，还说有要紧事找自己，杨刚有些摸不着头脑。杨刚出于好奇，加上也不好拒绝，就答应了李玉见面的要求。

这天晚上，两人约在一家餐厅见了面。寒暄一番后，杨刚问道："你说找我有急事，到底是什么事儿呀？"

"我说了，你会帮我吗？"李玉笑着回答。杨刚便说，"你放心，我以前说过，只要你有事找我，我又能办到，绝不推辞。"

李玉一听，满脸笑容："好，这可是你亲口说的。我现在必须马上结婚，可我到现在都没有男友，所以我要你跟我结婚。"

杨刚一听蒙了："结婚是人生大事，岂能儿戏。再说，我已经有女朋友了。这不行，绝对不行。"杨刚头摇得像拨浪鼓。

"你不要着急，我不要和你真结婚，我们是假结婚。"李玉解释道。

于是，李玉就把父母家里碰到拆迁安置的事情告诉了杨刚，自己四处寻找结婚对象，但一直没有遇到合适人选。眼看着期限将近，父母急得焦头烂额。这时，有朋友给她支招，可以找人假结婚，分到房后再离婚。

假结婚也得靠谱的人帮忙啊。李玉思来想去，想到了杨刚。杨刚是自己的前男友，分手的时候赌咒发誓，说对自己以后有求必应。而且杨刚有了心仪的女友，也不会对自己起什么坏心思，于是李玉才找到了杨刚。

这把杨刚难住了，他做梦都没想到，李玉所说的帮忙，居然是要自己和她假结婚。

说实在的，杨刚有了新欢抛弃旧爱，心底一直对李玉心怀愧疚。面对她的求助，自己又有誓言在先，实在不忍直接拒绝。可是，这结婚不是儿戏，万一被女友陈燕知道，恐怕无法收场。

看到杨刚面有难色，李玉早有准备："杨刚，你不用担心，我们不过是合伙演个戏罢了。听说你女友出国了，你现在正在筹钱买婚房。这样，等我拿到房子后，我们就离婚，再给你40万元作为补偿，你看怎么样？事成之后你什么也没损失，买婚房的钱也有了，到时候呀，你还要感谢我呢！"

李玉的这番话，一下子击中了杨刚的痛处，让他立即打消了心中的顾虑，答应了和李玉结婚的请求。

原来，杨刚的女友陈燕家境不错，而杨刚的父母只不过是普通工人，因为家庭条件的差距，两人的爱情一直遭到陈燕父母的强烈反对。可陈燕坚持要和陈刚在一起，老两口也只能妥协，但是，他们提出一个条件，那就是陈刚必须先买婚房，否则绝不会将女儿嫁给他。

一年半前，女友陈燕被单位公派出国培训。临走前，两人商量，等陈燕回国后，两人办理结婚登记。陈燕出国前，杨刚向陈燕父母承诺，等陈燕回国时，自己一定凑齐房子的首付款。陈燕走后，杨刚省吃俭用，甚至冒着被公司开除的风险在外接私活。可是，房价年年走高，没个四五十万元，根本付不起买房的首付款。杨刚拼死拼活，也只存了20多万元。

眼见着女友还有半年就要回国，婚房首付起码得60万元，如果筹不齐，自己和陈燕的婚事恐怕就得泡汤。杨刚正为这事儿日夜发愁呢。

今天李玉的这个提议，让杨刚心头一亮，李玉说得对，这假结婚也只是走个过场，事成之后，就能得到40万元酬劳，那房子的首付款问题就解决了，女友父母也不会反对两人的婚事了。

于是，杨刚答应了李玉，但前提是低调行事，万万不能让陈燕知道。李玉点头答应。

两人商量好后，签订了一份《结婚协议书》；约定双方办理结婚登记，房子分到手后1个月内双方办理离婚，杨刚放弃房产，李玉给杨刚40万元补偿。签好协议书，两人去民政局办理了结婚登记。

就这样，杨刚背着在国外的女友陈燕，和前女友李玉领取了结婚证书。那么，李玉能否如愿分到房产呢？杨刚是否拿到了40万元的酬劳呢？杨刚最后又为什么要杀死李玉呢？

虽是一纸协议下的假婚姻，但李玉却向包括父母在内的所有亲友予以隐瞒，声称两人重归于好。由于拆迁房要在3个月后才能到手，李玉就在父母家附近暂租了一套两居室的房子。

因为担心工作人员突然造访调查，识破秘密，李玉要求杨刚每周至少过去住3天，其他时间若有紧急情况，随叫随到。杨刚一一答应，他想，虽然在一个屋檐下，可是两人各住一间卧室，相安无事，只要能安然度过这3个月，房子一到手，立刻拿钱走人，神不知鬼不觉。然而，事情的发展开始超出了他的想象。

自从领了结婚证后，只要杨刚在身边，李玉就会提起过去相恋的往事，甚至多次表示，自己至今没有找到合适的人，就是因为心里还放不下杨刚。杨刚担心李玉假戏真做，就称自己工作忙，尽量少和她待在一起。然而，有些事情还是注定发生了。

这天，杨刚在办公室加班，突然接到李玉的电话，说拆迁人员可能要入户摸底调查，让他晚上务必过去。

这天夜里，天气非常炎热，当杨刚打开房门的时候，身穿透明睡衣的李玉站在他面前，紧接着扑进他的怀里，女友不在身边的杨刚，一下子燃起莫名的冲动，两人拥抱着走进了卧室。

事后，李玉用手机拍下了两人在床上的合影说："其实，我还一直那么爱你，真希望永远和你在一起。"

听到李玉这样讲，杨刚沉默不语，内心纠结万分，脑子里闪过一丝悔意，觉得自己这样做，既对不起在国外的女友陈燕，也对不起李玉。

过了1个月，李玉终于如愿以偿，拿到了一套120平方米的房屋合同。杨刚找到李玉，商量离婚的事。李玉说，房子还有一些手续没办理，刚刚签订合同就离婚，也太明显了，怎么着也得再等两个月。要是让人看出破绽，把房子收回去可就麻烦了。杨刚只好答应，但要求李玉两个月后必须履行离婚承诺。

接下来的两个月里，杨刚私下里四处看房，想着自己手上的钱加上李玉答应的 40 万元，首付是没有问题了，剩余的钱还可以用来装修，到时陈燕父母也没什么可说了。

女友陈燕回国的日期渐渐临近。可令杨刚没有想到的是，两个月后，当他再次跟李玉提出去办理离婚时，李玉却说："我当初确实只想跟你假结婚，可我们结婚后，该发生的也都发生了，我还一样爱你，我们就不要离婚了，行吗？你看，我们很快就有大房子住了，你不是一直梦想有属于自己的大房子吗？"

杨刚一听就急了："当初我们说得很清楚，也签有协议。我现在爱的人是陈燕，跟你在一起，我已经够对不起她了，我必须得跟你离婚！"

看到杨刚如此绝情，李玉非常伤心："难道你就对得起我吗？既然我在你眼里什么都不是，为什么又要跟我上床呢？你这样无情无义，离婚的事也得等我想想。"李玉说完，摔门而去。

这下杨刚可傻眼了，钱没到手，婚也离不成，这下可怎么办呢？女友回国前，如果不彻底摆平，他将难以收场。

于是，杨刚给李玉发短信说：感情是无法勉强的，即使我们生活下去，迟早也会分开。你要是觉得拿 40 万元有困难，可以先给我一半，剩下一半，你给我打个欠条！

李玉回复道：原来，我在你眼里根本没有钱重要，你占了我的便宜，就不怕你女友知道我们的关系吗，我手上可是有证据的。

证据，什么证据？杨刚心里一惊，他突然想到李玉拍摄的那张照片，天啊，假结婚这事儿，实在不行，可以跟陈燕说清楚。可是那张照片，自己就是浑身长嘴，也是说不清楚的。

陈燕归国在即，如果被女友知道自己和李玉结了婚上过床，那后果不堪设想。所以，当务之急，是要想办法删掉李玉手机里的照片。于是，杨刚眉头一皱，计上心头。

这天，杨刚早早来到李玉的出租屋，做好火锅，还开了一瓶红酒。等李玉回来后，他温柔地对李玉说："对不起，都是我的错，我想通了，我们以后好好过日子吧。"李玉一听喜笑颜开，两人就着火锅喝起酒来，醉意朦胧中，两人再次拥抱到了一起。

激情过后，李玉睡着了。杨刚悄悄翻身取过李玉的手机，可手机却设了密码，他一连试了几次都没成功。杨刚正着急时，李玉突然醒了。看见杨刚摆弄自己的手机，李玉突然明白过来，原来你今晚来这儿的目的，都是为了那张相片！

杨刚非常尴尬："是你言而无信在先，我也是被逼无奈。"

"到底是谁言而无信，喜新厌旧抛弃我，我这么爱你，也想好好待你，可你一而再，再而三地玩弄我的感情，现在，我偏不如你所愿，我就是不离婚，40万元我不会给你，相片我也要留着。等你女友回国，我就告诉她你做的丑事，让你一辈子不得安生！"

听到李玉这样讲，杨刚急了，他一把掐住了李玉的脖子，再三逼问手机密码。两人在床上扭打起来，推搡中，李玉后脑勺"嘭"的一声，重重地撞在床边的柜角，不再动弹。

杨刚一下子就傻了，天哪，自己失手杀死了李玉，怎么办？投案自首说明情况，又害怕后果太严重；说与己无关，可是屋里只有自己和李玉两个人，李玉死了，说人不是自己杀的，有谁会相信呢？

杀人偿命，这可是掉脑袋的事儿，杨刚惊慌失措，自己该怎么办呢？看着桌上的煤气火锅，杨刚计上心头。他把李玉抱回餐桌边，摆出酒后趴在桌上睡着的姿势，将火锅的煤气阀门开到最大，关上窗户，然后跑到单位，制造出自己不在场的证据。第二天一大早，他回到出租屋里，给李玉父母打电话，撒下了弥天大谎。

然而，他万万没有料到，李玉当时只是晕过去，根本没有死，倒是杨刚布置的煤气中毒现场，因为房屋狭小，空间密闭，造成煤气浓度过高，最终造成李玉死亡。

案件移送到检察机关以后，在杨刚的罪名确定上，出现两种完全不同的观点。一种观点是故意杀人罪，相反的观点是构成过失致人死亡罪。那杨刚的行为在法律上到底如何评价呢？

刑法上的因果关系认识错误，是指行为人对自己行为的性质、后果和有关事实情况有不正确的认识。也就是说，侵害的对象没有错误，但造成侵害的因果关系，与行为人所预想的并不一致。

本案中，杨刚以为是自己失手杀死了李玉，然而，造成李玉死亡的原因不是杨刚的失手，而是死于煤气中毒。而煤气中毒现场又是杨刚亲手制造的。在杨刚的主观上，他没有用煤气毒死李玉的主观故意，但客观上却造成了李玉煤气中毒死亡的后果。

所以说，杨刚主观上不具有杀害李玉的故意，客观上却实施了毒死李玉的行为，且李玉的死亡结果，也确实是由他的行为直接造成的。杨刚存在客观认识上的错误，但其主观上并没有杀死李玉的主观故意。因此，不构成故意杀人罪，应该认定为过失致人死亡罪。

鉴于涉及当事人隐私，法院以不公开形式开庭审理了本案。杨刚对李玉的父母进行了经济赔偿，并真诚认罪悔罪。人民法院最终以过失致人死亡罪，判处杨刚有期徒刑6年。

消息传到国外，陈燕是既惊讶又悲伤，她做梦都想不到，短短一年半时间，男友出现如此大的变故。伤心之余，她放弃了回国的打算，留在了国外工作。

案件结束后，拆迁部门经过审查，认定李玉和杨刚签订的《结婚协议书》构成恶意串通，李玉不符合分房条件，依法收回了李玉名下的安置房。

律师评点>>>

贪欲好比是一个套结，把人的心越套越紧，结果把理智闭塞。

李玉想通过假结婚多分一套安置房，杨刚也想借假结婚获利40万元，这种建立在贪欲基础上的功利婚姻，从开始就注定失败和破裂。而李玉明知杨刚并不爱自己，却又不肯放手，最终两人都无法抽身而退。爱情与婚姻都是神圣的，容不下虚假与功利，最终只是作茧自缚，酿就人生悲剧。

案例的法律点很新颖，杨刚客观上实施了毒死李玉的行为，且李玉的死亡结果，也确实是由杨刚的行为直接造成的。因此，在故意杀人罪和过失致人死亡罪之间，出现了两种截然不同的观点。区分两者的关键，在于判断杨刚的主观故意，即他是否有要杀死李玉的故意，厘清了“因果关系认识错误”这个法律知识点，定罪量刑的问题也就迎刃而解，这也正是法律思维的精妙和魅力所在。

我不放弃你

关键词　判决离婚的条件

案例故事>>>

2015年12月的一天，北方某市郊区的一处农家小院里，一个男人麻木地敲打着厢房的房门，屋里的老人也不开门，隔着门劝道："赶紧走吧，你都在门外待了一夜了。玲玲走了5年，哪知道成了这副模样，连我都不认识了。这都是造的什么孽啊。"说着，老人失声痛哭。

男人名叫齐大勇，屋里的老人是他的岳父赵老汉，本来是一家人，可是为啥这女婿待在门口一整夜，岳父就是不开门，反倒要撵女婿走？5年前女儿赵玲为什么会离开，现在的她又成了什么模样？这一切，得从齐大勇和赵玲的相识说起。

8年前，齐大勇中专毕业后，在一家公司做装修，后经人介绍，认识了在开发区做出纳的赵玲。赵玲文静秀美，温顺乖巧。1年后，双方走入婚姻殿堂。

婚后的生活甜蜜和谐，两人计划，先打拼事业后考虑要孩子。他们的决定，也得到父母的认可和支持。就在小两口为未来努力工作的时候，一场变故袭来，搅乱了他们的生活，也彻底改变了夫妻俩的命运。

2010年年底，齐大勇认识了一个做保健品销售的朋友，对方称，进货后，卖出去的产品抽取提成。卖不出去的，照单回收。保证稳赚不赔。齐大勇经受不住高利润的诱惑，成为对方下线。

一开始齐大勇尝到了甜头，于是发动亲朋好友一起做。正当他梦想着赚大钱、发大财的时候，让他万万没想到的是，保健品公司因为涉嫌非法传销被警方查处。齐大勇的发财梦落空了，反倒欠下了30万元的高利贷。

俗话说，屋漏偏逢连夜雨，就在债主踏破齐大勇家大门时，赵玲所在的工厂，因为经营不善关门倒闭。自己债务缠身，妻子又没了工作，齐大勇承受不住压力，整天酗酒度日。赵玲看到丈夫一天天颓废，心急如焚，于是她向丈夫提出，夫妻俩一起到南方打工。

齐大勇刚经历失败，意志消沉，他担心辞掉工作，南下又找不到合适的事做，到时两头落空。他转念一想，反正妻子已经下岗，不如让赵玲先去南方探探情况，要是有好的机会，他再去和妻子团聚。

赵玲想想也没有别的法子，总比两口子都窝在家里，这样半死不活的强。于是，赵玲安顿好家里，只身来到南方，在一家民营企业做会计。每月省吃俭用，将大部分工资寄给丈夫，用于家庭生活和偿还债务。

赵玲告诉丈夫，南方工作机会多，根本不用担心找不到事情做，再说这边待遇也比家乡好得多。妻子的话让齐大勇心动了，就在他决定辞职南下，和妻子团聚的时候，意想不到的事情发生了。

这天，齐大勇的银行卡上收到了一笔巨款，整整30万元，再看，竟然是妻子汇来的。天啊，她一下子哪来这么多的钱？紧接着赵玲的电话打了过来："大勇，这30万元也够你拿去还债。我们夫妻一场，就到此为止吧，不要来找我。"说罢，赵玲挂断了电话，齐大勇再打过去，已是关机的提示音。

齐大勇蒙了，夫妻到此为止，这是什么意思？是跟自己提出离婚的最后通牒吗？如果不是，她为什么要关机呢？接下来几天，他接连拨打妻子的电话，却再也无法接通。

齐大勇坐不住了，他连忙赶到妻子打工的城市，找到赵玲所在的公司，却被告知赵玲已经辞职，没有人知道她的去向。无奈之下，齐大勇向警方报案，但因为提供不出任何有价值的线索，警方一时之间也无能为力。

就这样，赵玲悄无声息地失踪了。妻子去了哪里呢？亲友们议论纷纷，都说她肯定是跟别的男人跑了，要不就是娘家人捣的鬼。

可是，齐大勇根本不相信妻子会背叛这个家庭。他心里清楚，赵玲当初之所以南下打工，都是欠债惹下的麻烦。他立下决心，一定要闯出一番名堂，找回赵玲，夫妻团聚。

于是，齐大勇用妻子转来的30万元，还清了所有的债务，然后又辞职创办了一家装饰公司。他起早贪黑，辛苦打拼，5年过去了，公司生意做得风生水起。

在这期间，齐大勇母亲多次劝他："你呀，别在一棵树上吊死，干脆再找一个人过日子得了。"齐大勇没有理会母亲的劝说，坚持定期去看望岳父赵老汉，四处打听妻子的音信，执着地等待着妻子回家。那么，赵玲究竟去了哪里，齐大勇还能不能等到妻子的归来呢？

这年年底的一个晚上，齐大勇像往常一样，来到岳父家看望赵老汉。一进院门，一个熟悉的身影让齐大勇愣住了，天啊，这不是自己苦苦寻找了5年的妻子赵玲吗？

齐大勇激动地上前去拉妻子，不料赵玲一把推开他，连连后退，眼神呆滞地盯着自己，歇斯底里地吼叫道："不要碰我，走开，走开，你们都是坏人，你们都是坏人……"

齐大勇惊呆了，妻子怎么会变成这副模样，连自己都不认识了？她这5年去了哪里？又经历了什么呢？为什么妻子回来，岳父赵老汉都不告诉自己？在厨房里的赵老汉闻声跑出来，面对女婿一连串的疑问，一把鼻涕一把泪地述说了两个星期前发生的事情。

这天下午，赵老汉突然接到一个长途电话，对方自称是赵玲的朋友。说赵玲就在她家，请他千万不要跟任何人讲，尽快到南方来一趟。

女儿找到了？接到电话的赵老汉将信将疑，当他按照地址辗转找到这位朋友家的时候，赵老汉果真见到了失散5年的女儿。然而，让他万万没有想到的是，此时的赵玲精神已经失常，连自己这个亲爹都无法认出。

天啊，女儿怎么会变成这样，她到底碰到什么样的遭遇？通过这个朋友介绍，赵玲的屈辱经历这才浮出水面。

原来，当年家里欠下30万元外债，赵玲无可奈何来到南方，想通过自己的努力帮助丈夫还清债务，重新拾起生活的信心。然而，在工厂做财务的收入并不高，她就偷偷在外给另外一家贸易公司做兼职会计。由于要两头兼顾，还要不被公司发现，那段时间赵玲工作非常辛苦，一直没有休息好。

一天，她在给贸易公司办理转账时，由于忙中出错，没有检查清楚，将一笔200万元的汇款竟然错打到了境外账户，无法追回。老板黄海生得知后大发雷霆，看着吓得瑟瑟发抖的赵玲，竟以此为要挟，要赵玲做自己的情人，并为他生下一个儿子。

黄海生说："赵玲，你想清楚，答应我的条件，这200万元就算了，你也不必费力工作，我每个月给你生活费，还一次性补偿你30万元。你要是不答应，我就报警抓你去坐牢，到时候，这200万元连本带息，你还得还给我。"

老板的话让赵玲听得心惊肉跳，家里已经债台高筑，现在别说200万元，就是2万元，自己也是拿不出来的。如果拿不出钱，家人也要跟着受巨额债务的连累，搞不好自己还要判刑坐牢。怕是要落得个被丈夫撵出家门的下场。

想到这儿，赵玲狠狠心，与其坐牢负债被扫地出门，不如拿自己的青春赌上一把。最终，赵玲选择了妥协，她答应了黄海生的条件，把30万元补偿款全部寄给丈夫，换了电话，悄悄搬进老板名下的公寓，从此不再和家人联系。此后3年里，赵玲怀孕两次，都因为怀的是女孩去做了流产手术。

2015年4月，赵玲第三次怀孕，检查后发现仍是个女孩。医生告诫说："你多次流产，如果再做手术，以后想再怀孕，就很困难了。"

赵玲听后，不肯再做手术，然而黄海生坚决反对："我已经有了女儿，我要你给我生的是儿子。"赵玲不听，坚持要把孩子生下来，黄海生大发雷霆，不由分说就是一顿暴打，导致赵玲再次流产。

多行不义必自毙。就在这个时候，黄海生的公司被查出有走私行为，其本人被依法追究刑事责任。随着警方的调查深入，一个令赵玲震惊的消息传来，警方发现，当初赵玲转错的那笔汇款，原来是老板精心设计的圈套，那个所谓的境外账户，实际还是黄海生本人控制的。因为他早已贪恋赵玲的美色，一直没有机会，这才处心积虑地设下诡计，胁迫赵玲做了自己的情人。

黄海生及其公司的非法收入被全部没收，而赵玲所住房屋也被变卖还债，一帮债主将她恶狠狠地撵出了家门。流产还没有恢复的赵玲无处可去，只好借住在朋友家，诉说了自己的伤心经历。

此时的赵玲身心遭到沉重打击，残酷的真相让她精神崩溃，甚至出现幻觉。她把眼前的每一个人都当作了黄海生，又打又骂，精神开始不正常。

朋友无奈，只好根据赵玲的电话本，尝试着联系上了赵玲父亲赵老汉，就这样，时隔5年，赵玲终于被父亲带回了北方老家。

“大勇，玲玲回家了，我不是诚心想瞒你。这几年，我赵老汉也过得憋屈啊，现在情况搞清楚了，玲玲成了这种样子，你让我这老脸往哪儿搁啊。说罢，赵老汉号啕大哭。”

听完岳父的讲述，看着一脸麻木的妻子，齐大勇心如刀绞。他没想到，妻子失踪多年，竟然在外被人包养做了老板的情人，自己作为一个男人，情何以堪啊。

然而，他心里清楚，当初如果不是自己欠下30万元高利贷，妻子不会独自南下打工，也就不会出现受人所骗，掉入圈套的悲剧。说起来，妻子的遭遇都是自己一手造成的。

更为重要的是，没有妻子这30万元，自己根本不可能还清债务，更不会有他齐大勇东山再起的今天。想到这里，齐大勇决定，原谅妻子。他跟岳父说，要接回赵玲，好生照料。

然而，赵老汉担心，女婿只是一时心软，他怕齐大勇照顾不了几天，就心生嫌弃，到那时，女儿精神会遭受更大的伤害。于是他拒绝了齐大勇的请求，这才发生了案例开始的那一幕。

岳父不许齐大勇接回妻子，那么，他会不会就此放弃已经精神失常的赵玲，这对苦难夫妻又会走向何方呢？

看到从前那个文静秀气的妻子变成了这副模样，齐大勇悲痛万分，他觉得必须让妻子接受专业的治疗。

他说服岳父，把赵玲送进了专业的精神病医院。医生诊断后认为，赵玲的病因是因为精神严重压抑，遭受打击所致，除了配合药物治疗以外，关键是要让患者把心底压抑的那些痛苦，完全地发泄出来，再慢慢地加以情感上的抚慰，精神应该可以恢复正常。

听完医生的话，齐大勇安排副手打理公司，自己专心陪护妻子。每天充当黄海生的替身，让妻子打，让妻子骂，好让妻子把心里的苦楚完完全全地宣泄出来。精神失常的妻子对齐大勇又打又骂，这在身体和精神上，对他来讲都是极度的摧残和折磨。然而，他咬紧牙关努力坚持。

就这样，通过情绪发泄，再加上医生的专业治疗，赵玲的病情有了明显好转，发病的时间越来越少，记忆也在慢慢恢复。她认出了丈夫和家人，脸上也有了笑意。

3个月后，医生确认赵玲基本康复，可以回家休息调养。在征得岳父的同意后，齐大勇把赵玲接回了自己的家里。回家后，夫妻相处和谐甜蜜，齐大勇在心底打定主意，要倍加珍惜这失而复得的幸福。

然而，齐大勇做梦都没想到，苦难将再次降临在这个家庭，两个月后的一天，因为一个人的出现，赵玲再次失踪。这个人是谁，究竟又会发生什么样的变故呢？

这天是赵玲的生日，齐大勇早早下班，回到家推开房门，家里空无一人，桌上只有一张字条：大勇，谢谢你的宽容和耐心，可我无法原谅自己，忘了我吧，祝你幸福，玲玲。

什么？忘了我，不对呀，妻子前几天还甜蜜地说起要相伴一生，怎么转眼就变卦了呢？事情不可能这么简单。齐大勇觉得，其中必有隐情。

他迅速赶到岳父家，赵老汉呆坐在屋子里是一言不发。在齐大勇的一再催问下，赵老汉长叹一声："孩子，你妈说得不是没有道理，玲玲她这次离开，全是为你着想啊。"说罢，赵老汉闷头抽烟，不肯再说一句话。

什么，我妈说的？齐大勇明白了，原来妻子的再次失踪，和自己母亲有关。难道母亲已经知道了事情的真相？

自从赵玲失踪之后，母亲就一直要齐大勇另娶他人，苦劝无果后，失望的母亲一直住在外地的姐姐家。此次妻子归来，齐大勇考虑再三，暂时没有跟家里人讲。然而，世上哪有不透风的墙。看来，这事儿，八成妈妈已经知道了。

齐大勇正在琢磨，亲戚打来电话，说母亲在他家，要齐大勇过去陪同吃晚饭。饭桌上，母子的对话，完全印证了齐大勇的猜测。

原来，3 天前，齐大勇的母亲听说了赵玲回家的前因后果，她勃然大怒，赵玲失踪不见，竟然是跟别的男人做情人生孩子去了，这样伤风败俗的媳妇，那是坚决不能要。

然而，她非常清楚自己儿子的倔强脾气，可是，自己这个当妈的，总不能眼睁睁地看着儿子往火坑里跳啊。那么，该如何让大勇离开赵玲呢？齐大勇母亲考虑再三，计上心头。

这天，齐大勇母亲没有通知齐大勇，独自从外地回来，找到了赵玲。开门见山，齐大勇母亲毫不客气地要求赵玲离开：“你耽误了大勇这么多年，不是你，我老太婆早就抱上了孙子。因为你那些不光彩事儿，害得我儿子被人嘲笑。”

赵玲说：“这不能全怪我，再说，大勇他已经原谅我了，我们是真爱啊。”

“真爱？赵玲，你要是真的爱大勇，你就应该早点离开，你现在身体这个样子，还能指望你给大勇生个孩子吗？”齐大勇母亲不依不饶，看到赵玲低下了头，母亲使出了最后的撒手锏，她扑通一声跪在儿媳面前：“求求你，可怜可怜我这老太婆，我老齐家就大勇这一个儿子，我可怎么跟列祖列宗交代啊。”

婆婆跪在自己的面前号啕大哭，赵玲哪里见过这个场面。婆婆的话让她无地自容，是呀，婆婆说得没错，自己现在已经很难再怀上孩子了，不能再连累丈夫了。

她含泪答应离开齐大勇。可她知道，如果自己主动离开，丈夫肯定不会同意。于是，她只得选择不辞而别。就这样，赵玲留下字条，告别父亲后再次只身离开了这个家。

赵玲来到邻县的一个偏僻小镇上，靠打零工维持生计。她想着，等丈夫对自己死心，找到新对象后，她再回自己父母家独自了此一生。

赵玲再次失踪，齐大勇四处寻找不见，母亲开始为儿子物色合适的对象。3个月后，在外躲避的赵玲得知了齐大勇要结婚的消息。

这天，赵玲在报纸上看到一则寻人启事，居然是齐大勇在寻找自己，理由是大勇起诉离婚，因为无法找到赵玲本人，无法离婚，鉴于自己准备再婚，希望她能尽快回来办理婚姻解除手续。

什么，大勇准备再婚了？赵玲脑袋“嗡”的一下就蒙了，顿时泪如雨下，自己不辞而别，要的就是丈夫对自己死心，成全丈夫。可当她亲眼看到丈夫要再婚的消息时，赵玲还是心如刀绞。

她本以为，丈夫怎么着，也要等个一年半载才会再婚，没想到他竟然这么快就要结婚了。也许，丈夫当初只是可怜自己有病，实际上他早就有别的心上人了吧。想到这里，赵玲心里万分难过，但她还是决定回家离婚，成全丈夫。

于是，赵玲主动联系上父亲，告知他三天后，在县民政局门口办理离婚手续。第三天一大早，赵玲在父亲的陪同下来到了县民政局门口。十点整，一辆挂着大红喜字的婚车疾驰而到，赵玲的心里一沉，看来自己是猜对了，大勇真的是等不及了，这是等着和自己离了婚，马上就迎娶新娘啊。

车子停在赵玲身边，车门开了，一身西装的大勇走下来，拉住赵玲的手，赵玲一把推开他，伤感地说：“我是回来办离婚手续的，恭喜你找到了幸福。”

齐大勇从身后拿出鲜花和戒指，戴在妻子赵玲手上说：“玲玲，我找得你好苦呀，今天就是我们‘再婚’的好日子。”

赵玲这才如梦方醒，是丈夫找不到自己，才设计骗她回来。看到丈夫精心准备的一切，赵玲再也无法控制住自己，她满含热泪，两人紧紧地拥抱在一起。

原来，齐大勇知道，妻子的离开，是为了成全自己重新开始新的婚姻，所以，自己如果没有新的感情，赵玲是不会再次出现的。

于是他对外宣称自己准备结婚，因为找不到妻子赵玲，无法办理离婚手续，只能先把妻子找回来。这才有了先前报纸上的寻人启事。

对于寻人启事，赵玲很好奇，“我不回来你不能再次结婚，否则就会犯重婚罪，这个我能理解。可是，我不回来，你可以向法院起诉要求判决离婚呀，为什么要找我回来才能办理离婚呢？”

判决离婚，是人民法院在一定的条件下，根据婚姻关系当事人的请求，在查清案情、分清是非，经调解无效，依法强制解除婚姻关系的司法行为。

人民法院审理离婚案件，以“感情确已破裂”作为准予或不准予离婚的法定标准，法院要从婚姻基础、婚后感情、离婚原因、夫妻关系的现状、有无和好的可能等方面综合分析。所以，需要提出离婚请求的一方，提供证据证明夫妻感情确已破裂，存在法律规定的离婚条件，法院综合审查后认为双方感情确已破裂，调解无效后才可能准予离婚。

司法实践中，如果一方下落不明，人民法院不仅对夫妻感情状况难以查明，对子女抚养、夫妻财产分割等问题也难以处理，所以人民法院会更加慎重地保障没有到庭的被告一方的合法权益，一般不会轻易做出准予离婚的判决，以防止离婚诉权被滥用。

经历了这么多风波，齐大勇和妻子赵玲终于破镜重圆。3个月后喜讯传来，赵玲发现自己怀孕了。经过检查一切正常，齐大勇把这个好消息告诉了母亲。看到夫妻俩历经磨难，仍然相濡以沫，儿媳赵玲也怀了孩子，这做母亲的，心里的石头终于落了地，她也为孩子送上最真诚的祝福！

律师评点>>>

当被欲望控制时，你是渺小的；当被热情激发时，你是伟大的。

齐大勇和赵玲夫妻俩在人生道路中，都走了不少弯路，但他们互相用爱去宽容，去善待对方。尤其是丈夫齐大勇，面对流言蜚语，对身心备受摧残的妻子始终不离不弃，最终挽回了家庭，和赵玲共同书写了幸福人生。宽容和善待，是战胜一切困难的力量源泉。

妻子的丑闻曝光后

关键词 职务侵占罪

案例故事>>>

2015年春天的一个晚上，南方某市的一个高档小区里，建筑公司老板周坤喝得醉醺醺，歪倒在床上，指着妻子杨婷破口大骂："娶了你这么一个倒霉女人，真是让我丢尽了脸。我要和你离婚。"他越说越气，一抬手，周坤把桌上的水杯打翻在地，屋里一片狼藉。

倒霉的女人？丈夫怎么会用这么恶毒的话来辱骂自己的妻子？杨婷到底犯了什么错，惹得丈夫发这么大的脾气？这还要从5年前周坤的一段奇遇说起。

5年前的周坤，可不是什么建筑公司老板，只是售楼部的一名普通销售员。那是2010年10月的一天，周坤所在楼盘的售楼部门前，一辆黄色跑车疾驰而来，停在了大门口。周坤赶紧迎了上去，车门打开，走下来的是一位身材修长、打扮时尚的妙龄女子。

女子摘下墨镜说，要看看这个小区的别墅。周坤一听，心里一阵激动，看来，这个客户是有钱人。两个月前，周坤入职公司售楼部，因为经验不足，直到现在，他连一套房子都没有卖出去。他正为自己的业绩和提成发愁呢，眼前这个机会，自己可一定得抓住了。

周坤热情地带着这位女客户在小区里整整转悠了一上午，卖力地介绍小区品质和配套设施。功夫不负有心人，最终女客户看中了湖畔东边的一套连排别墅，当天就签订了购房合同，缴付了定金。在签名时，周坤特意留心记住了这位女客户，她有一个好听的名字：杨婷。

半个月后，杨婷就办理了全款缴付手续。由于是现房，房款缴清后，周坤又为杨婷办理收房手续。言谈中，杨婷得知，周坤学的是装修设计。于是，杨婷主动开口请周坤帮忙装修，周坤二话没说就答应了。

他找到同学的公司来装修，自己也利用空闲时间，帮忙挑材料、看现场，像对待自己的事情一样上心，杨婷非常感激。这来来往往中，两人越走越近，相互萌生了爱意。

有时，周坤好奇地问杨婷，你这么年轻，就能在最好的楼盘买上最好的房子，还拥有一辆跑车，不用说，家里肯定很有钱吧。杨婷或者微笑不说话，或者有意无意地敷衍过去，周坤也不好再问。

三个月后，别墅装修一新，杨婷非常满意。她在小区的西餐厅订了包房，约周坤祝贺乔迁新居。这一晚，杨婷喝了不少红酒，醉意朦胧中，她拉住了周坤的手说："一来到这个城市，就碰到了你的真诚相待，真的是谢谢你。"周坤顺势就抱住了杨婷。当晚，周坤留在杨婷的别墅，住到了一起。

世上没有不透风的墙，很快，周坤傍上富婆的消息，就传遍了公司上下，引起了不小的轰动。一个名不见经传的小职员，入职不久就能为公司卖出一套别墅。更让人不可思议的是，周坤竟然还被女客户看中，成了别墅的男主人。

其实，这件事，别说是公司的同事，就是在周坤看来，也是跟做梦一样，自己要房没房，要车没车，她怎么会看上我的呢？周坤有些整不明白。

随着交往的进一步加深，周坤了解到，杨婷没有正式工作，她父母都是农民，家里并没有赚大钱的人。那她怎么会有那么多钱呢？她对我到底是真感情，还是另有企图呢？

一个月后，杨婷带回一个人，这个人的出现，解开了周坤心中的疑惑，同时也让他改变了对杨婷的态度，周坤迅速搬出了别墅。

这天下午，杨婷突然说有急事，要出门一趟，很快就回来。然而，一连

3天，周坤也没有等到杨婷的消息，电话也无人接听。周坤有些焦躁不安，难道说杨婷出了什么事情?

就在周坤心急如焚的时候，杨婷终于回来了，一脸的疲惫。更让周坤惊讶的是，跟随杨婷回来的，还有一个3岁的小女孩。

“周坤，这是我的女儿娇娇。”杨婷介绍说。“什么，你的女儿？你不是跟我说，你没结过婚吗？怎么会突然冒出一个3岁的女儿呢？”面对周坤的疑惑，杨婷低下头，说出了一段不堪回首的往事。

原来，5年前，杨婷中专毕业后，就南下打工，有个富商被杨婷的青春靓丽所吸引，对她展开了猛烈的追求。富商自称已经离异，还说只要杨婷能给他生孩子，就一定娶她进门。

架不住富商的甜言蜜语，杨婷稀里糊涂地和他住在了一起，一年后，杨婷怀孕生下了一个女儿。没想到，富商一看杨婷生的是女孩，态度顿时冷淡下来，他明确告诉杨婷，自己其实并没有离婚，妻子早就给他生下了女儿，他现在想要的，是一个能继承家业的儿子。

就这样，富商给杨婷留下一大笔“分手费”后，就不见了踪影。杨婷只好带着女儿回到农村老家，然而，这段不光彩的经历，很快就被一起打工的老乡传开了。杨婷无法忍受周围人的指指点点，她狠狠心，将女儿留给父母照看，自己一个人来到这座城市，打算开始新的生活。

置办房屋时，周坤无微不至的关心，让杨婷对他产生了好感和深深的依赖。两人走到一起后，因为担心周坤不能接受自己的过去，杨婷选择了隐瞒。

然而，就在几天前，家里父亲病重入院。她连忙回家帮忙照看父亲，等父亲病情稳定后，她才离开。因为母亲还要照顾病床上的父亲，她只能把女儿娇娇带回身边。

“周坤，原谅我，我不是有意骗你的，都是因为太在乎你呀。”杨婷满含泪水恳求道。原来是这样，周坤万万没想到，女友竟然有这样一段不光彩的经历，他又伤心又失望，他无法接受自己的女友做过别人的情人，更何况还带着一个 3 岁大的女儿。周坤不顾杨婷的苦苦哀求，坚决提出了分手，搬出了别墅。

周坤删除了杨婷的所有联系方式，希望尽快忘掉她，忘掉这段感情，重新开始新的生活。可仅仅一个月后，生活再次和他开了个大玩笑，周坤又搬回了杨婷的别墅，这究竟是怎么回事呢？

这天上午 10 点，正在忙碌的周坤意外收到了杨婷的一条短信：我怀孕了，你能回来照顾我们的孩子吗？什么？杨婷怀孕了。周坤细细回想，这几个月，自己一直和杨婷如胶似漆，毫无疑问，杨婷怀的是自己的骨肉。想到孩子，周坤一下子心软了，他来到杨婷的别墅看望她。两人一见面，杨婷就哭着扑进周坤的怀里，“因为过去的经历，其实我不敢奢望婚姻，直到遇上了你，我才重新相信感情、相信男人，想要一个坚强的臂膀，想要一个温暖的家。”

杨婷的痴情让周坤左右为难，一方面自己无法接受女友的过去，可另一方面，女友肚子里已经有了一个小生命，自己到底该拿女友怎么办呢？

就在他拿不定主意的时候，杨婷的一番话打动了他，他最终接受了杨婷，重新和她走在一起，那么杨婷到底对周坤说了什么？周坤又为什么会再次接受杨婷呢？这就要说说周坤的身世经历。

周坤出生在农村，从小读书刻苦勤奋，一心想改变命运，后来好不容易考上大学，应聘到这家房地产公司。本以为有了大学文凭，工作一定会被重用，没想到只是被安排在售楼部做一名普通的售房员，工作和生活的压力让他不堪重负。

当他搬进杨婷富丽堂皇的别墅后，平生第一次体验到有钱人的生活。然而，好景不长，他就搬了出来，重回售楼部上班，微薄的薪水和狭小的集体宿舍，与先前的富裕、安逸形成强烈对比。更让他无法忍受的是，同事们总是有意无意地拿这件事情来取笑他，在他心里一下子形成了巨大的落差。

面对困窘的处境，周坤无数次想过辞职创业。然而，理想很丰满，现实很骨感，这创业的启动资金从哪里来呢？没有钱，所有的创业梦想都只能停留在白纸上。

恰好这时，杨婷的一番话打动了他，让他最终接受了杨婷，杨婷说："我知道，你是一个有想法、有能力的男人，如果你不计较我的过去，我愿意帮助你成就一番事业。"

成就事业！这句话一下说在了周坤的心坎上，其实，他对杨婷还是有真感情的，杨婷这么看好自己，说明付出的也是真心，这让他心里非常感动。何况人非圣贤，孰能无过？杨婷已经知道错了，自己为什么不能给她一次重新再来的机会呢？再说了，在这个陌生的城市里，只要自己不说，又有谁会知道杨婷的过去呢？

想到这里，周坤紧紧抱住了泪流满面的杨婷："好，我答应你，会照顾好你和孩子，不会辜负你的期望，我会用能力和结果证明，我周坤根本就不是吃软饭的那种人。"

就这样，周坤搬回了别墅，一个月后，两人正式登记结婚，之后杨婷为他生下一个大胖小子，取名洋洋。杨婷为了让周坤高兴，主动给女儿娇娇改姓周，对外宣称是周坤的远房亲戚，由于父母过世，才接过来抚养。

杨婷也说到做到，她拿出积蓄，帮助周坤成立了一家装修公司，周坤凭借着同学的人脉资源，再加上诚信、勤奋和能干，很快就在市场上打开了局面。两年后，装修公司就升级为建筑公司，从小打小闹的装饰装修，进军市政和房建市场。

家庭幸福美满，事业高歌猛进，周坤陶醉在无限风光中。然而，就在这个时候，一次意外的发生，让他的人生再次急转直下。

周坤的建筑公司连续接到几个大项目，他把自己的座驾更换成最新款的进口车。这天是周末，周坤驾着崭新的车子回家，开到小区门口。正要转弯时，一辆小货车从旁边快速开出来。他赶紧避让，可是小货车速度太快，重重地撞在他的右边车门上。新车被撞，周坤心疼不已，下车找对方理论。

小货车上，下来了个酒气熏天的年轻人，周坤一看，是妻子杨婷的一个老乡，近期一直在小区做装修。想着这层关系，周坤决定息事宁人，吃个亏算了。

没想到，对方竟然反咬一口，要他赔钱。两人言语不合，推搡起来。周坤赶紧打电话叫公司来人帮忙，不一会儿，赶来几个员工。货车车主见周坤这边人多势众，心里害怕，可嘴上仍然不依不饶："周老板，你不要仗着人多欺负我，你挣的钱哪儿来的，我们村里，谁不知道呀？还不是靠你老婆卖身钱发的家，有啥好狂的？"妻子的这个老乡一着急，就把杨婷的过去给抖搂出来了。

这下，可把周坤给气坏了，他冲上前去，对准货车司机的脸就是重重一拳，对方顿时血流满面。货车司机吃了亏，也打电话叫老乡来帮忙。小区里看热闹的人越采越多。最后，警察赶到现场，才将事态控制住。经过调解处理，货车司机赔偿车辆维修费，周坤赔偿对方医药费。

双方调解结案。可令周坤万万没有想到的是，这次小小的意外交通事故，给他带来了无穷无尽的麻烦和烦恼。

原来，交通事故当天，周坤叫来公司员工、对方叫来了不少老乡，加上围观的都是小区业主和邻居，妻子杨婷当过富商情人的"秘密"，一下子就传开了。人们开始在周坤的背后议论纷纷，说他是靠妻子的卖身钱发的家，这让周坤觉得脸面扫地。以后不管他在哪里，总感觉有人在背后指指点点，戳他的脊梁骨。

渐渐地，周坤心态开始失衡，娶了一个有历史污点的妻子，让他在亲朋好友和公司员工面前抬不起头，他对妻子的态度开始冷淡。而就在这时，一个漂亮女孩的出现，让夫妻关系更是雪上加霜。

这年年底，公司入职了一名文员，名叫朱睛，朱睛不但长得漂亮，业务能力也很强，很快就成了周坤的得力助手，在周坤眼里，朱睛比妻子更年轻更漂亮，没有妻子那样的人生污点，这让周坤怦然心动，与此同时，这个朱睛也被周坤的成熟男人魅力所吸引，经常对他暗送秋波，搞得周坤心猿意马。

心魔一旦被打开，就一发不可收拾。有一次，周坤带着朱睛到外地出差。当天晚上，朱睛来到周坤房间陪他聊天，周坤就忍不住开始倾诉自己内心的苦恼，说着说着，两人是越靠越近，当晚，朱睛没有离开，留宿在周坤的房间里。

世上没有不透风的墙，周坤的婚外情，很快就被妻子知道了。杨婷首先是好言相劝，让丈夫迷途知返，可周坤根本不听，杨婷要他开除朱睛，周坤也是装作听不见。看到丈夫一副对抗到底的样子，杨婷再也无法忍受，双方是两天一小吵三天一大吵，夫妻关系急剧恶化。

为了挽救婚姻和家庭，杨婷决定亲自出手，她来到公司，当众宣布开除朱睛，一下子，公司上下闹得沸沸扬扬，让周坤很没有面子。

这天晚上，周坤应酬喝了不少酒，心里窝着一口恶气，回到家，借着酒劲，对妻子是百般辱骂，于是，就出现了案例开头他大骂杨婷，提出离婚的那一幕。

丈夫竟然提出了离婚，这让杨婷很伤心，原来的穷小子，在自己的全力帮助下，成了小有名气的公司老板，功成名就后，就婚外出轨，还拿着自己不堪回首的往事来侮辱甚至要抛弃自己，杨婷似乎明白了什么，她暗下决心，要好好管教这个鬼迷心窍的男人，让他悬崖勒马。

于是，她一反常态，开始过问公司的事情，直接插手公司的财务管理。这下，可把周坤惹火了，他警告妻子不要搞得太过分，杨婷却理直气壮地说，你的公司是哪儿来的？我也是股东，过问一下自己公司的事情，这不算过分吧，一句话，把周坤说得哑口无言。

然而，周坤自有对策，到了年底，杨婷惊讶地发现，公司明明经营得红红火火，可账面上却出现了亏损。她怀疑周坤暗中做了手脚。可周坤却反咬一口："你以前没插手公司财务时，公司是年年赚钱，现在你一插手，这公司可就办不下去喽。我看啊，我们还是分清财产，大路朝天，各走一边。"

看到丈夫这个样子，杨婷伤心欲绝。其实她心里清楚得很，被她开除的情人朱睛，并没有离开周坤。一定是她在背后怂恿使坏，使丈夫铁了心要离婚。再这样拖下去也毫无意义，到最后搞不好夫妻反目成仇，公司也会分崩离析。算了，心走了，人也留不住，就让他去吧。

于是，心灰意冷的杨婷答应了周坤离婚的要求。两人协议分割了财产，女儿娇娇由杨婷抚养，儿子洋洋由周坤抚养。

婚姻失败让杨婷满心伤痛，她暗下决心，要彻底忘记周坤这个让她失望的男人，独自照顾好女儿娇娇。

然而，让她意外的是，半年后的一天，周坤委托的律师竟然找上门，告知了一个让她目瞪口呆的消息，周坤被警方带走了。他究竟犯了什么事？律师找杨婷又是要干什么呢？这一切都和周坤的情人朱晴脱不了干系。

事实和杨婷猜想的一样，朱晴被公司开除后，仍然和周坤混在一起。朱晴可不是盏省油的灯，她暗中怂恿周坤，杨婷插手公司大小事务，可见她一点儿都不信任你，也没把你这个老板放在眼里，不如做一套假账，以备她随时检查。另外，你想办法把钱转到我名下，等你一离婚，咱俩就结婚。

周坤觉得这是个好主意。于是，在朱晴的筹划下，分期分批地将公司资金划转到朱晴名下，这才出现公司账面亏空的情况。

周坤跟杨婷离婚后，朱晴又重新进入公司，掌握了市场和财务大权。两个月前，公司参加一个市政项目投标，周坤听从朱晴的意见，通过围标的方式，最终顺利中标。不料东窗事发，公安机关介入调查，检察机关以涉嫌串通投标罪批准逮捕了周坤。

老板被抓，公司被调查，员工纷纷辞职，生产经营一下子陷入困境。朱晴一看情况不妙，立即卷款走人。当律师在看守所会见周坤时，周坤对朱晴大骂不止。可是，现在发泄情绪能有什么用呢？公司面临倒闭，自己锒铛入狱，如何才能挽回败局？现在，周坤能想到的，只能是再次依靠前妻杨婷。于是，他委托律师前去向杨婷求救，并且交代，将儿子洋洋带回母亲身边。

听了律师的陈述，杨婷陷入了极度的纠结，她痛恨周坤的无情背叛，又可怜儿子洋洋。“妈妈，爸爸好可怜，救救他吧。”看到儿子洋洋哀求的眼神，杨婷的心一下就软了。

于是，杨婷重新回到公司，一方面稳定人心和队伍，一方面拿出自己所有积蓄，使公司逐步恢复正常经营。在律师的依法辩护下，半年后，周坤被判处缓刑，重获自由。

出狱后的周坤跪倒在杨婷面前痛哭流涕，不停地忏悔和道歉，请求杨婷能复婚和好：“杨婷，经历了这一切，我真正明白了，只有你，是对我最好的那个人。”

儿子和女儿也请求妈妈原谅爸爸，杨婷考虑再三，选择了原谅，但前提是追究朱晴的法律责任，追回被朱晴侵吞的财物。

于是，周坤找来公司法律顾问，经过律师分析研究后，公司向警方报案，要求依法追究朱晴的刑事责任，那么，朱晴触犯的是什么罪名呢？

职务侵占罪是指公司、企业或者其他单位的人员，利用职务上的便利，将本单位财物非法占为己有，数额较大的行为。

职务侵占罪在犯罪构成上主要包括以下三个方面：（1）必须是利用自己职务上的便利，就是指利用职权，以及与职务有关的便利条件。（2）必须有侵占公司财物的行为。（3）必须达到数额较大的程度。依据当地立案标准，侵占公司、企业等单位的财物在6万元以上的，构成职务侵占罪。

本案中，朱晴掌握公司财务大权，对公司钱款有收支管理职权。她在周坤入狱以后，将公司所有的60万元转入个人账户，然后卷款潜逃，应为将本单位财物非法占为己有，符合职务侵占罪的构成要件。

最终，警方找到了潜逃在外的朱晴。到案以后，她如实供述自己的行为，积极退赔全部赃款。检察机关以朱晴涉嫌职务侵占罪提起公诉，人民法院以职务侵占罪，判处朱晴有期徒刑两年，缓期三年执行。

律师评点>>>

仔细研究我们的一切欲望，我们就会发觉几乎所有的欲望，都包含着一些我们难以启齿的内容。

案例讲述了一个小人物逆袭成功的故事，靠的是曾经有过被包养经历的妻子的帮助。然而，在功成名就之后，丈夫无法忍受社会的嘲讽和讥笑，联合情人用做假账的方式侵吞公司财产。在身陷囹圄之后，情人卷款潜逃，还是妻子出手相救，双方复婚和好。

每个人都会有过去，既然选择了原谅，就不要因为风言风语而发生改变。夫妻之间，应当相互信任、相互帮衬，夫妻同心，才能家和万事兴。

企业家腐败犯罪共涉及17个罪名，包括受贿罪、贪污罪、行贿罪、巨额财产来源不明罪、私分国有资产罪、职务侵占罪、挪用资金罪、非国家工作人员受贿罪等。其中，而职务侵占罪与受贿罪，分别为民营企业家和国有企业家的第一大腐败犯罪。

职务侵占罪是民营企业家、公司高管最容易触犯的罪名之一,一直是重灾区，但却最容易被忽视。就公司、企业而言，需要切实防范职务侵占罪的发生。从司法实践看，本罪多发生于企业内部员工身上，尤其是中层领导、财务人员以及负责购销的工作人员，其产生和发展与公司、企业的整体管理、运作密切相关。公司、企业只有加强自身内部的规范管理，才能从根本上防范此类犯罪的发生，减少经济损失。

保证书引危机

关键词　离婚协议的生效条件

案例故事>>>

2016年5月，北方某县的城关法庭里，一桩离婚案将在这里开庭审理，苏丽坐在被告席上，丈夫唐志国起诉离婚的案件也闹了大半年，好不容易双方同意调解离婚，今天就是过来签订正式协议的。

可是，说好九点开庭，原告席上却迟迟不见唐志国的踪影。就在苏丽纳闷的时候，书记员走进来说：原告说他不想离婚了，向法院撤诉，你可以回去了。什么，丈夫撤诉了？苏丽听后一脸的茫然。

这夫妻俩为什么要离婚？在这个节骨眼上，丈夫又为什么突然反悔了，是他不想离婚了，还是另有隐情呢？这要从两人的婚姻说起。

唐志国是个农村苦孩子，打小家里穷，不过他学习勤奋，靠着自己的努力考上了理想大学，毕业后在一家国有建筑公司当项目经理，很快就成为业务骨干。

在一次同学聚会上，唐志国认识了城里姑娘苏丽。苏丽虽然只是高中毕业，但在家人的支持下开了一家美容院，不仅有房有车，还小有积蓄。两人情投意合，半年后登记结婚，一年后女儿婷婷出生。

虽然家庭和工作都还不错，可唐志国并不满意生活现状，他总想开创一番属于自己的事业。也巧，机会就来了，这一年，公司搞民营化改制，唐志国心里痒痒的，他知道，虽然公司目前规模不大，但这块牌子和建筑资质还是有含金量的。可是，购买公司股份需要100多万元，这笔钱从哪里来呢？

唐志国向妻子说了自己的想法。苏丽一听非常赞同：“志国，我支持你，我把美容院卖掉，全力支持你创业开公司。”

苏丽说到做到，她迅速处理掉美容院后，唐志国全资购买了公司的全部股权，开始了自己的创业之路。他撸起袖子加油干，一心扑在事业上，凭借着这几年积累下的人脉资源，再加上诚信和质量，很快就在市场上打开了局面。两年后，公司升级了资质，业务做得风生水起。

穷小子变成了大老板，唐志国现在是顺风顺水，好不风光。可是，妻子苏丽却过得并不踏实。

原来，苏丽的美容院卖掉以后，一直在家当家庭主妇，专心照顾女儿婷婷。这公司做大了，丈夫事业有成，苏丽一方面春风得意，十分享受。另一方面，看到丈夫好几个生意伙伴赚大钱后，就离婚另娶新欢，心里难免犯起嘀咕：“人家都说男人有钱就变坏，你不会也这样吧？”唐志国一口否认：“你放心，我唐志国能有今天，都是你的支持，你不要胡思乱想，专心在家当太太就好。”

听到丈夫这么说，苏丽心里安定多了。可是，没多久，就有人告诉苏丽，看到唐志国和一个年轻女孩在一起。苏丽质问丈夫，唐志国说是公司应酬，坚决不承认。苏丽暗想，丈夫不会嘴上说一套，背地做一套吧。可是自己怎么才能知道丈夫对自己是不是变了心呢？这时，就有闺蜜给她出了主意，现在人们都在忙着生二胎，你们条件这么好，应该再生一个孩子，等有了儿子，还怕他唐志国能跑到哪儿去？

苏丽觉得，这个主意不错，丈夫喜欢孩子，如果他愿意再生一个，说明还在乎自己和这个家。于是，她就跟丈夫提出再生一个孩子的想法。丈夫听后沉思一会儿说：“哎呀，你看你岁数大了，身体又不好，怎么能让你受那么多苦。”

苏丽说：“为了你，为了这个家，我愿意。”听到妻子这么说，唐志国转而开始嬉皮笑脸地说：“生孩子很辛苦的，你那么喜欢孩子，不行就像我们合作公司的金总一样，在外边生一个抱回来，你养呗。”

这句话顿时惹恼了苏丽，唐志国看妻子大发雷霆，赶紧道歉：“我只是开个玩笑而已，你何必当真，是我错了。”

就这样，生二胎的事情被搁下了。可是，苏丽的心里越发不安起来，丈夫竟然说在外边生一个抱回来养，还拿合作公司金总举例。这个金总她见过，可谓五毒俱全。俗话说得好，近朱者赤，近墨者黑。丈夫天天跟着这样的人在一起，不会是在外边有什么情况了吧。她越想越担心，越想越害怕。终于，让苏丽震惊的事情发生了。

这天，丈夫说要出差一个星期。到了第五天，电话却处于关机状态。苏丽心里奇怪，好端端的，怎么就联系不上了呢？

就在苏丽心神不宁之时，一个不速之客找上了门，来的是一个年轻女孩，她怒气冲冲地质问苏丽：“唐志国到哪儿去了，是不是你把他藏起来了？三天之内，唐志国再不出现，我就闹到他的公司去，让他身败名裂。”说完，扔下一张纸扬长而去。

苏丽简直被气蒙了，这个女孩是谁，怎么管她要唐志国，她跟丈夫又是什么关系？苏丽定了定神，捡起女孩丢下的字条，这不看不打紧，一看吓一跳，字条竟是一张“离婚保证书”五个大字：本人唐志国，保证一年内离婚，否则自愿受罚。

天哪，这是什么情况，苏丽眼前一黑。从字条的复印件上看，这真的是丈夫的笔迹呀，他背着我跟这个女孩写下离婚保证书，自己完全被蒙在鼓里。苏丽又惊又气，拨打唐志国的电话，仍然是关机的提示音。看来，这女孩说的是事实，丈夫手机关机，是不是在躲避这个女孩？于是。她给唐志国发了短信，催他速速回家。

这一夜，苏丽整晚没有合眼，第二天，丈夫回来了，面对妻子的质疑遮遮掩掩。苏丽急了，她拿出那张保证书，扔在桌上：“唐志国，今天你不跟我说清楚，咱俩就没完。”

看到这张保证书，唐志国一下子软了下来：“哎，都是我的错，我也是有苦难言呀。”

什么，这女孩都找上家门了，丈夫还在有意推脱！在苏丽的逼问下，唐志国才一五一十说出了一年半前的秘密。

原来，那个找上门兴师问罪的女孩名叫陈娜。2015 年年初，公司计划招录一名文员，26 岁的陈娜报名应聘。三年前，陈娜从一所三本院校毕业，却始终没有找到稳定合适的工作。

唐志国公司招聘新人，一般都由他亲自把关。当面试陈娜时，一下子被陈娜靓丽的模样迷住了，当即拍板录用陈娜。

而陈娜也是颇懂风情的女孩，她何尝看不出唐志国的小心思，更何况，唐老板事业有成，潇洒稳重，也是众多女孩追捧的对象。两人心照不宣，没多久，唐志国带陈娜到外地出差，晚上就住进一个房间。

回到公司后，让唐志国没有料到的是，这个陈娜天天都想黏着自己。他担心会被妻子苏丽发现，于是私下找到陈娜，提出补偿她一笔钱办理离职手续。陈娜虽说不情愿，也无可奈何，只能拿钱走人。

就这样，唐志国以为，艳遇就此终结。没想到，两个月后，麻烦就找上门了，让他的生活发生了戏剧性的变化。

这天，唐志国的电话响了，竟然是陈娜要求见面的电话。不是说好了吗，她找我干什么，难道还想要钱？唐志国有些不安。

见面后，陈娜的话让唐志国是目瞪口呆：唐总，我怀孕了，是你的孩子。

原来，陈娜回到老家一个月后，发现自己有了早孕的生理反应。更不巧的是，这情况被已经在老家订婚的男方给发现了。男方家无法容忍，一气之下撕毁了婚约。

“唐总，我现在被男方毁了婚约，父母骂我败坏家里的名声，把我撵出了家门。一个人孤苦伶仃，肚子里怀的又是你的孩子，你要对我负责啊。”陈娜哭得是梨花带雨。

听完陈娜哭诉，唐志国在心里暗暗盘算，陈娜是自己喜欢的女孩这不假，可是自己也只是逢场作戏而已，何况家里还有个妻儿老小，她肚子里的孩子是万万不能要的。所以，一定要先稳住陈娜，可怎么办呢？唐志国眉头一皱，计上心头。

于是，他对陈娜讲："你还年轻，要从长计议，这么早要孩子是累赘，你看这样，孩子暂时不要，我送你到南方读书深造一年，所有费用我全包，也算给我时间，让我办妥家里的事情。"

有钱还能学习深造，陈娜感觉这个安排还不错。但她提出，唐志国要给自己写下保证书，承诺一年内和妻子苏丽离婚。同时，她也给唐志国写下了打掉孩子的承诺。双方签字摁手印之后，唐志国支付陈娜一笔手术费和学费，陈娜独自去了南方。

就这样，唐志国化险为夷，他在暗自得意自己的巧妙安排，不过他也有些担心保证书在陈娜手里，自己该如何应对？打心底讲，他也不是没想过和妻子离婚。可是，唐志国张不开这个口，自己创业是妻子一手支持的，喜新厌旧毕竟是件不光彩的事情。

可是一年后自己要如何面对呢？有时想到这儿，他也曾经试探妻子的态度，如苏丽在提出生二胎时，他故意开玩笑，说在外面抱一个孩子来养，却遭到了妻子的严厉斥责，让他有些心惊胆战。于是，离婚这事儿他是再也不敢提了。

可是，时间不等人，该来的还是得来。一年时间很快过去了，陈娜的所作所为，却远远超出了唐志国的预料。

一年后，陈娜如期回来了，她带着保证书找上了唐志国。而让唐志国目瞪口呆的是，随同她回来的，竟然还有一个男孩。陈娜告诉他：这是你的儿子，名叫乐乐。

什么，不是说好了做流产手术吗？怎么会是这样？唐志国一头雾水。

原来，陈娜到了南方在医院检查，医生告诉她患有贫血，不宜做流产。听到医生这样说，陈娜在心里盘算，唐志国写下保证书，毕竟只是一纸空文，如果到时候唐志国翻脸不认人，自己也拿他没办法。如果生下这个孩子，就有了谈判的条件和筹码。于是，陈娜瞒着唐志国生下了这个男孩，放在自己父母家，一直没有跟唐志国说明。

看到眼前这个孩子，唐志国又惊又喜，惊的是陈娜竟然说话不算数，喜的是自己竟然有了儿子。从看到乐乐的第一眼，他就认定，这确实是自己的亲骨肉，那眉毛，那眼睛，简直就是自己的翻版。

可是，问题来了，自己写下保证书，其实只是个缓兵之计，原想陈娜毕竟青春年少，只是想从自己这里拿上一笔钱走人了事，哪里想到，她竟然背着自己把孩子生下来，还上门拿着保证书逼自己离婚。这下事情闹大了，怎么办呢?

他向陈娜提出，再给他些时间，陈娜一听就急了:“你可是写了保证书的，一年时间你干啥去了，你是不是想赖账啊。”

陈娜步步紧逼，唐志国只好借出差为由关上电话躲避。没想到，陈娜也不是盏省油的灯，她找不到唐志国，便直接上门找苏丽要人。

听完了丈夫的讲述，苏丽怒火中烧:“原来是这样呀，难怪自己三番两次提到生二胎，你都不同意，好你个忘恩负义的唐志国，完全是现实版的陈世美，我掏心掏肺为你，你却在外快活惹下风流债，这还了得。”苏丽立即召集娘家人找上门来，打得唐志国鼻青脸肿。

这下可把唐国志的脸给丢尽了，他被苏丽整得狼狈不堪。反正真相已经暴露，夫妻也已经反目为仇，他索性提出了离婚。苏丽扬言，想离婚，你想得美，我就是让你唐志国好事搞不成，我呀，就是不离婚。

这下可把唐志国难住了，一边是陈娜带着儿子咄咄逼人，一边是妻子苏丽坚持不让步，自己应该何去何从呢?

唐志国左右为难，事情到了这个地步，只能背水一战了。于是，他在法院起诉苏丽要求判决离婚。官司一打就是大半年，双方都是筋疲力尽。最终在法官的主持下，双方达成了调解离婚和财产分割的意向。可是，就在要签调解协议的关键时候，唐志国却撤诉了，这才有了案例开头那一幕。

既然双方已经达成调解协议，唐志国就可以和苏丽离婚，接陈娜和儿子进门了，他为什么要反悔，还向法院申请撤诉呢？到底是唐志国回心转意，还是另有蹊跷呢？原来，就在这个节骨眼儿上，逼婚的陈娜出事了。

这天，唐志国正在公司开会，他意外地接到陈娜父亲的电话，告知陈娜下午遭遇交通事故，现在生命垂危，请他火速赶来。

什么，陈娜出事了？放下电话的唐志国一下子蒙了，自己是不是遇到了骗子？他立即驾车赶到电话告知的医院，在医院里，他见到了抢救无效已经死去的陈娜。

陈娜是真的遭遇了车祸，就这样意外地走了，留下儿子乐乐。唐志国向陈娜父母支付了一笔补偿后，带回了孩子。陈娜不在了，和苏丽离婚诉讼也失去了意义，他才向法院提出了撤诉申请。

此时的唐志国感觉人生跌落到谷底，逼婚的情人聪明反被聪明误，最终撒手而去，留下嗷嗷待哺的儿子乐乐。自己状告结发妻子离婚，到头来却以撤诉告终。现在是进退两难，颜面扫地。

思来想去，他还是带着孩子找到了苏丽，跪倒在妻子面前请求原谅："一切都是我的错，现在陈娜不在了，请你可怜可怜这个苦命的孩子，我们共同抚养他长大。"

唐志国痛哭流涕，苏丽听着简直被气疯了，丈夫竟然想把和第三者生的私生子带回家，她根本无法原谅，更不可能接受。她断然拒绝了丈夫的请求。

唐志国看苏丽态度坚决，深知自己罪孽深重，万般无奈之下，夫妻同意协议离婚。双方均聘请律师就子女抚养和财产分割进行了协商，女儿婷婷归苏丽抚养，唐志国带儿子乐乐生活，夫妻共同财产 70% 归女方，30% 归男方，双方在离婚协议上签字并摁了手印。

就这样，唐志国带着儿子乐乐搬出了家门。就在他以为和妻子苏丽缘分已尽，准备办理离婚登记的时候，仅仅两个月，他意外地接到了苏丽请他回家的电话。

原来，苏丽发现，女儿婷婷这段时间一直不明原因地出现低烧、流鼻血的症状。经过检查，婷婷被确诊为粒细胞性白血病，不仅医疗费用高昂，而且需要骨髓移植。可是经过筛查，妈妈苏丽无法配型，一时也难以找到合适的骨髓干细胞。医生告诉苏丽，还能不能从其他亲属中找寻合适人选。

其他亲属？心急火燎的苏丽拨通了唐志国的电话，请他回来看看能否和女儿婷婷配型。唐志国听说女儿的病情火速赶到。检查结果出来了，让苏丽失望的是，唐志国无法和女儿婷婷配型。

怎么办呢？唐志国突然想到，儿子乐乐和婷婷是同父异母的姐弟，可不可以让乐乐试一试，说不定就能配型成功，那女儿就有救了。

想到这儿，唐志国抱着一线希望向医生提出了他的建议。却遭到医生的反对，医学上骨髓移植对年龄和体重有着严格的要求，乐乐太小，即使配型成功，也是绝对不可以做骨髓移植手术的。

希望再次破灭，苏丽整日以泪洗面，请求医生救救自己可怜的女儿。这个时候，医生提出一个大胆的治疗方案，你们不是夫妻嘛，如果你俩能再生一个孩子，孩子的脐带血液配型将极有可能成功。

这个方案让苏丽陷入极度的纠结，唐志国婚内出轨生下私生子，两人已是恩断义绝，而且签下离婚协议，怎么可能在一起，还再生孩子呢？

得知这个消息的唐志国又惊又喜，他再次向苏丽悔过，请求复合：“这是救治女儿唯一的希望了，其实，离婚也并非是我的本意，那个时候陈娜咄咄逼人，我又被你和娘家人打得鼻青脸肿，让我丢尽了脸面，我才赌气提出的离婚。”

听到丈夫的复婚请求，苏丽犹豫了。自从婷婷住院后，乐乐经常和唐志国过来探望，乐乐的天真可爱，给重病中的婷婷带来了许多快乐。

婷婷和乐乐姐弟俩其乐融融的相处画面，逐渐化解了苏丽对乐乐的排斥心理，加上唐志国为救女儿，变卖掉所有的财产支付医疗费，前后奔波日渐消瘦，她最终决定，放下往日的恩怨，和唐志国复婚，携手挽救女儿婷婷。

可是，问题来了，两人已经协议离婚，而且就子女抚养和财产分割签订了协议，还签字摁了手印，这离婚协议是否具备法律效力呢？

我国婚姻法规定，离婚分为协议离婚和诉讼离婚，离婚协议是指男女双方在婚姻关系存续期间，以协议离婚为目的，并就财产分割问题达成的协议。离婚协议具有以下特征：

1. 协议内容的复合性。离婚协议不是单一的，而是复合的，其内容涉及夫妻身份关系的解除，也包括财产的分割等问题。

2. 生效条件的特别性。在夫妻双方均同意离婚的情形下，除了男女双方具有离婚的合意之外，还必须到婚姻登记机关进行离婚登记，取得离婚证，才能发生法律效力。

3. 婚姻关系解除效力的前置性。解除婚姻关系是协议生效的前提条件，双方的婚姻关系不解除，协议生效就无从谈起。

本案中，唐志国和苏丽在离婚协议签订后，并未到婚姻登记机关申请离婚，未取得离婚证，因此，他们没有履行登记离婚的法定手续，因此，双方签订的离婚协议没有生效，对夫妻双方都不产生法律约束力。

既然离婚协议没有生效，唐志国和苏丽还是一家人。一年后，两人生下一个男孩，配型检测的结果显示，这个男孩和女儿婷婷的配型成功。

医生制订了详细周密的治疗方案，手术很成功。三个月后，女儿基本痊愈出院了。唐志国带着婷婷和家人回到农村老家调理休养，看着婷婷带着弟弟在阳光下快乐地玩耍，唐志国拉住了妻子的手，真诚忏悔：“当初我没能洁身自好，发生问题后，又心存侥幸，以为金钱能够解决一切，最终酿就悲剧，伤害家庭的同时也害了自己，感谢你的善良和宽容，从今以后，我要倍加珍惜这失而复得的幸福。”

律师评点>>>

我们常常追求的是一个结果，得到的却是某种后果。没有比欲望更令人错误百出的了，也没有比纵欲更大的肇事者。

案例的主人公唐志国是不幸的，本想设计摆平怀孕的情人，却反被情人捏住了把柄，亲手写下的一张保证书，引发一连串情感和家庭危机；而唐志国又是幸运的，经历了风波坎坷后，一家人在幸福的道路上重新出发。知错能改，善莫大焉。对配偶忠诚，对家庭负责，才是男人最重要的品质和美德。

法律点“离婚协议的生效”很有现实意义。我国婚姻法规定，婚姻登记是结婚或离婚形式的必要条件。经过登记等手续，取得结婚证或离婚证，即确立或解除夫妻关系。如果双方只是协议离婚没有办理登记，而后一方又另行与他人以夫妻名义同居，就可能涉嫌重婚罪。

因此，婚姻登记是一项具有法律效力的制度，结（离）婚作为男女双方的一种民事法律行为，必须严格按法律规定进行，当事人不得任意而为。

弟弟破坏我婚姻

关键词 附条件不起诉

案例故事>>>

2017年9月的一天凌晨，城南小区2单元306房间里依然亮着灯，一个稚气未脱的男孩拉着一个姑娘。“姐，我不让你们在一起，这全是为你好啊。”姑娘满脸泪水说：“求求你，你就让姐为自己做一回主吧。”“不行，这个家，有他就没我，你呀，看着办吧。”说完，男孩摔门而去，留下姑娘独自哭泣。

男孩名叫李军，姑娘是他的姐姐李燕红，一对亲姐弟在争执什么？弟弟所说的有他就没我，这个“他”又是谁呢？这还要回到一年前，从李军发现姐姐的恋情说起。

这天是周末，高中住校的李军来到姐姐宿舍，敲了好半天门，姐姐才红着脸打开门。屋里竟然还有一个陌生男人，衣衫凌乱，初懂人事的李军很尴尬，没打招呼就赶紧离开了。

返回学校的路上，李军心里嘀咕，这个男人是谁，姐姐和他是什么关系？会不会遇到骗子？他是越想越担心。于是，他给姐姐发了条短信：姐，小心上当受骗。

不一会儿，姐姐回了短信，他叫叶晨，是我才认识的男朋友，对我很好，我也很爱他，你放心好了！

男朋友？我很爱他？李燕红的回复让李军心里酸溜溜的，难怪姐姐这么久没来看自己，原来是谈恋爱了。李军心里一下子特别失落。

按理说，男大当婚，女大当嫁，姐姐谈了中意的男朋友，做弟弟的应该高兴才是，可李军到底担心和在意什么呢?

李军出生于2000年，只有李燕红一个姐姐，从小总喜欢像个小尾巴似的跟在姐姐身后。对于比自己小7岁的弟弟，李燕红十分宠爱，姐弟俩的感情一直很好。

李军6岁那年4月份时，他总喊着牙疼，之后出现了不明原因的发热症状。父亲带着李军赶到省城，被确诊为“急性非淋巴细胞白血病”，需要尽快进行骨髓移植。经过检测，李军存在特殊的基因突变，一时之间，没有合适匹配的骨髓，只能从近亲属中抽检进行样本比对，否则随时存在生命危险，李军父母心急如焚。

得知消息，李燕红拨通了父亲的电话：听说兄弟姐妹的骨髓配型成功率高，让我试试吧。听到女儿这么说，父亲左右为难，这又是为什么呢?

原来，李燕红自小聪明伶俐，学习成绩特别优秀，她有自己的梦想，要考上北京的大学。6月份高考在即，此时做手术，给弟弟捐献骨髓，肯定会影响到她的备考，这可是关系女儿一生的大事呀。

可李燕红坚持认为，跟高考比起来，弟弟的生命更重要。父亲也没有别的办法，只好含泪接受了女儿的建议。第二天，李燕红向学校请假来到省城，经过样本比对，姐姐完全可以作为手术移植的供体。

移植手术很成功，李军脱离了生命危险。然而，李燕红因此前后耽误了半个月的学习，加上身体恢复不好，成绩优异的李燕红高考失败，名落孙山。家里因为弟弟的治疗费四处举债，李燕红只得放弃复读的计划，进入社会工作，挣钱帮助父母偿还债务。

李军虽然转危为安，但身体的特殊情况，将会影响今后的婚姻生活。姐姐对弟弟充满怜爱，从感情到生活，无微不至地关心。姐姐的关爱娇宠，让李军对姐姐产生了深深的依恋。

一直以来，姐姐给了他全部的爱，这份爱不仅给了他新的生命，更为他撑起人生的一片蓝天。然而，今天这个叫叶晨的男人的出现，以及姐姐的回复，让他忽然有种被姐姐抛弃的感觉。

品学兼优的姐姐本来可以考上理想的大学，成为人人羡慕的天之骄子，却因为自己，彻底改变了人生的命运。他曾经暗下决心，一定要保护、照顾好姐姐，让她今生今世生活幸福，以弥补人生遗憾。

然而，今天第一次与叶晨的尴尬见面，给他留下了坏印象，刚刚认识就和姐姐独处一室，肯定没安好心。姐姐跟这样的人在一起，不可能得到真正的幸福。而之后发生的事情，更加坚定了李军的判断。

半个月后，李燕红把男朋友叶晨带回了家里，她告诉父母，叶晨在一家工厂做技术员，两人在一次同学聚会中相识，擦出了爱情火花。看到姐姐满脸的甜蜜，李军对这个叶晨却是上下左右，看哪都不顺眼。他冷冰冰的态度，让叶晨很尴尬。

出了门，李燕红安慰男友：你不要多心，我这个弟弟，是怕我谈了男朋友，会分走对他的关心和爱护，不过不要紧，慢慢就会好。

这之后，叶晨主动给李军买各种学习用品和礼物，还有意在李军面前回避和李燕红的亲昵，尽量避免刺激到李军敏感的神经。然而，他的所作所为，并没有换来李军的理解。

原来，在李军眼里，姐姐就是貌美纯真、性格完美的女神，而这个叶晨，相貌普通，条件一般，听说还有过短暂婚史，一副虚情假意伪君子的模样，怎么配得上自己的姐姐呢？一个星期后发生的一件事，更加印证了李军的担忧。

这天，李军给姐姐打电话，请李燕红帮自己买双新鞋。没想到，姐姐却说："能不能再将就几天？我这段时间手头有点紧。"手头紧？李军奇怪地问："姐姐怎么啦，再怎么着，也不至于买不起一双鞋呀。""哎，叶晨工厂效益不好，要搞改制，我把钱借给他了。"李燕红回答。

"什么？钱借给叶晨了？这婚都还没结，就开始找你要钱，姐，你可不要上当。"李军急了。"叶晨对我是真心的，我们已经准备订婚，早晚都是一家人，你放心吧。"李燕红回答。

什么，姐姐要和叶晨订婚？李军大吃一惊。姐姐现在一定是被爱情迷惑了双眼，自己已经长大成人，一定要为姐姐的幸福负责，让她迷途知返。可是，怎么才能让她看清叶晨的真面目呢？

李军眼珠一转，计上心头，他把叶晨的窘迫，以及向姐姐借钱的事儿，添油加醋地告诉了父母："爸，妈，这个叶晨根本就配不上我姐，男怕入错行，女怕嫁错郎。你们可不能眼睁睁地看着她往火坑里跳啊。"

听到儿子这么讲，父母也开始反对女儿的恋情，可李燕红就是不听，执意要和叶晨在一起。看到女儿态度坚决，做父母的也只好妥协，眼看着订婚在即，李军跟父母建议："叶晨要是真心对我姐好，也总该买套房子吧，要不，太委屈我姐了。"

这话一下子说到母亲心坎上：对对对，李军说得对，说起来对我女儿千好万好，结婚总得有个窝儿吧。听到儿子和妻子都这么说，父亲也觉得在情在理。

于是，在叶家上门提亲的时候，李家提出了买房。这下把叶晨给难住了，自己就是一个普通工人，工资微薄，家里条件有限，也没有办法帮衬，看着日渐上涨的房价，他只能望房兴叹。

于是，订婚这事儿就这样搁置下来，李军趁热打铁："姐，这房子是爱情和婚姻的试金石，叶晨他连买房的信心和能力都没有，怎么可能给你带来幸福？你可要尽快和他断了啊。"

然而，让李军万万没有想到的是，姐姐不仅没有和男友断绝关系，反而是快刀斩乱麻，瞒着家人和叶晨领取了结婚证。这又是怎么回事呢？

原来，对于弟弟的所作所为，李燕红不是不理解，她知道，弟弟并不是有意阻挠自己的恋情，而是出于对姐姐的爱，希望自己找到条件优越的伴侣，能够生活幸福。是的，男友现在条件确实一般，买不起房，但他技术过硬，也有上进心，对自己也不错，买不起房就先租房子住，选择伴侣是要看长远。

可是，她也明白，现在说服弟弟和父母接受男友很难，不行就留待未来再慢慢解释和磨合吧。于是，她背着家人和叶晨领取了结婚证。

这生米煮成了熟饭，李家也只好妥协，李军不好说什么但又觉得不甘心。等到结婚前，他向叶家提出要求，房子不买就算了，但是，要给我姐2万元的服装费。然而，连这个要求，叶晨也没能力做到。

结婚当天，当李军送姐姐走进寒酸的出租房时，看到姐姐身上廉价的红礼服，他鼻子一酸，眼泪滚落下来。李燕红连忙安慰弟弟："你姐夫也想把婚礼办得热热闹闹的，但他们家只有这个条件。只要我跟你姐夫过得好，那比什么都强！"

听到姐姐这样讲，李军抹抹眼泪，指着叶晨警告说："我可告诉你，你对我姐要是不好，我饶不了你！"

送走客人，叶晨苦笑着对妻子说："这个小舅子以后可很不好相处啊。"李燕红安慰丈夫："你不要多想，弟弟没有别的意思，只是想我们能够幸福。"叶晨答应，一定和李军搞好关系。他也说到做到，婚后生活简单平静，这让李燕红觉得，自己当初的决定是完全正确的。

然而，李燕红显然低估了婚姻的复杂性，因为感情是两个人的事，而婚姻却要牵涉两个家庭。不久后发生的事情，让李燕红的婚姻陷入重重危机，这又是怎么回事呢？

原来，结婚后不久，叶晨的母亲想让李燕红早点生孩子，自己好早日抱上孙子。但李燕红觉得，眼前重要的是努力赚钱，等经济条件好转后再说。于是，为这事儿，婆媳之间渐渐开始产生矛盾。

这天，婆婆来看儿子，李燕红一个人在家，她连忙倒水端茶。老太太却摆摆手说："真要对我这个老太太好，也不在乎这些表面功夫，生个孩子才是正经，不孝有三，无后为大。"

李燕红赔笑道："妈，我们也不是不生，只是想缓两年。都什么年代了，还无后为大，您也是太守旧了。"

听儿媳妇反驳自己，叶老太太不乐意了，她敲着桌子说："什么年代女人都要生孩子，母鸡不下蛋还叫母鸡吗？"什么？婆婆居然把自己比作母鸡？

李燕红气愤难平，婆媳之间发生了激烈的争吵。

就在这时，李军来找姐姐，听说姐姐受到婆婆的侮辱和指责，倒气不打一处来，他上前一把将叶老太太推倒在地，老太太身子骨弱，直接就住进了医院。

这下可不得了，叶家人群情激愤，指责李军不敬不孝，对老人大打出手，还说这都是李家管教无方。一下子，两家关系剑拔弩张。

夹在中间的叶晨左右为难，自己的母亲被小舅子打伤，亲朋好友纷纷指责他是窝囊废。而妻子这边，觉得弟弟是在为自己出头，自然对其百般维护，还说丈夫根本没把自己当回事。叶晨争辩了两句，李燕红一生气跺脚，收拾衣物，就搬回了娘家。

这下叶晨可傻了眼，两人的感情坠入冰点，生活变成一地鸡毛。然而，更让他做梦都没想到的是，屋漏偏逢连夜雨，一次偶然事件的发生，最终让他和李燕红落得个草草离婚的结局。

这天是周末，李军下了晚自习，路过一个咖啡厅，突然，透过玻璃窗，他发现姐夫叶晨坐在一个年轻女人的身旁，两人在亲密地交谈。好你个叶晨，这才和姐姐吵架分开几天，居然就跟别的女人勾搭鬼混。

回到家，李军就把自己看到的一幕，告诉了李燕红："姐，你真是看走眼了，叶晨这个家伙，居然搞起了婚外恋。"

这下可打翻了李燕红的醋坛子，她立即打通了叶晨的电话，劈头盖脸地臭骂一通。电话那头的叶晨觉得妻子在无理取闹，没多加解释，就挂掉了电话。气得李燕红泪流满面。

看到姐姐受了这么大的委屈，第二天，李军就跑到厂区门口，专门挑在下班时间拦住叶晨说："你竟然背着我姐在外边拈花惹草，我今天就给你个教训。"说着，抬起一脚将叶晨踢倒在地。叶晨忍无可忍，双方大打出手。最终警察将两人带回了派出所，各处行政拘留两天。

这下事情可闹大了，叶家和李家的矛盾再次升级，好亲家变成死对头。

事情到了这个份上，李燕红伤心欲绝，当初自己不顾全家人的反对，和叶晨结婚，图的就是丈夫的勤奋踏实，和对自己的关爱。然而，丈夫的表现让她太失望了，整出婚外情的丑闻不说，还和弟弟打架进了派出所，让她在父母和弟弟面前颜面扫地。

而叶晨则满心委屈，回顾过往的婚姻生活，自己忍辱负重，无法换来李家的认可。尤其是小舅子李军，一直挑拨自己和妻子之间的关系，才闹到今天无法收拾的地步。

面对双方家人离婚的提议，李燕红和叶晨都心灰意冷，这段短暂的婚姻就此草草结束。

那么，这次离婚，是否能给叶晨和李燕红的关系画上句号？弟弟李军又将怎么做？李燕红能否如他所愿，过上所谓的幸福生活呢？

离婚后，李燕红搬回了单位宿舍。为了安慰姐姐，李军想方设法哄姐姐开心，还四处托人给姐姐介绍条件不错的对象。

然而，李燕红在短暂处过几个男友后发现，只有叶晨才是自己的最爱，她无法忘记叶晨。而冷静下来的叶晨也意识到，自己还深爱着李燕红，两人开始后悔，当初的分手是多么的鲁莽和草率。

就这样，两人避开家人悄悄见面了。叶晨告诉李燕红，李军看到的年轻女子是自己的徒弟，当时是在商量技能比武的事情，根本不存在什么婚外恋。

误会澄清了，两个有情人重新紧紧拥抱在一起。之后，他们瞒着各自家人暗地和好，他们计划，等风波完全平息后，再向双方家人解释。

然而，姐姐的秘密很快被弟弟李军发现了，他恼羞成怒地对姐姐说："你还没看清叶晨的真面目吗？跟他在一起，会害了你一辈子。"

此时的李燕红，经历过离婚的切肤之痛，她已清醒地认识到，婚姻应该是夫妻两个人的事，即便是亲弟弟，也无权横加干涉。她恳求道："小军，叶晨不是你想象的那种人，我知道，你和爸妈都很爱我，但是，求求你不要在我和叶晨中间指手画脚，让我为自己的婚姻做主，好吗？"然而，姐姐的哀求并没有得到李军的理解，他摔门而去，这才出现案例开头的那一幕。

李军很快把双方在一起的消息告诉了父母。随即，叶家也知道了真相。

叶晨和李燕红再次面临两难的选择。

怎么办？选择亲情还是选择爱情，两人必须在两者之间做出抉择。最终，李燕红和叶晨做出一个让所有人瞠目结舌的决定，但他们万万没想到，也正是这个决定，导致了后来悲剧的发生。这究竟是一个什么样的决定呢？

李燕红提出，目前说服双方家人复婚和好不太现实，既然这样，不如躲开家人的干扰，离开一段时间，等到双方有了孩子，再回去办理复婚手续，到那个时候，家人也只能接受现实。

于是，两人迅速办理了辞职手续，一起南下打工，并更换了所有的联系方式，消失在亲朋好友的视线当中。当事人都不在了，双方家人只好偃旗息鼓，生活慢慢恢复了平静。然而，经历了这场风波的李军，却因此荒废了学业，不久就辍学回家，在社会上游荡的他，无时无刻不在惦记着姐姐。

2017 年 11 月 22 日，这天是李军 17 岁生日。自从姐姐离开后，就没再跟家人联系过，但李军相信，在他生日这一天，姐姐就算不能赶回来看望他，也一定会打来生日祝福电话。

然而，直到晚上，姐姐也没有出现，也没有打来电话。和朋友喝酒的李军心情郁闷，他觉得，姐姐带给他的那片温暖的天空，在这个没有姐姐祝福的生日里彻底崩塌。而这一切的根源，都是因为叶晨，是这个男人，夺走了心爱的姐姐。

回到家已是晚上 10 点，看着醉醺醺的李军，母亲失声痛哭：我这是作的什么孽啊，你书不好好念，天天跟人瞎混。你姐姐更是不成器，居然躲到外面跟人生孩子。叶家那个婆婆那么蛮横不讲理，天晓得到时候会不会认她和孩子啊。

母亲的话让李军一下子心乱如麻。是啊，现在姐姐和叶晨并没有复婚，如果生下孩子，那个可恶的叶老太太不认，姐姐岂不是成了单亲妈妈？不行，这事儿，我得找那个老太太去。

李军抓过桌上的酒，咕嘟咕嘟喝下去半瓶，趁着酒劲儿跑出家门。他打了一辆车就来到叶晨家，刚进院门，就看见叶晨母亲从屋里出来。老太太一看是李军，气不打一处来：好你个臭小子，上次的账还没算，你倒好，还敢跑到我家来撒野。

李军也不示弱，两人开始边说边骂。老太太一生气，抄起地上的木棒，朝李军抽过去。李军头脑一热，夺过木棒，“嘭”一下，重重地打在老太太的头上，老人应声倒地。李军吓得转身就跑，最终被闻声赶到的叶家人按倒，扭送进了派出所。

经法医检验，叶老太太头部受伤构成轻伤，李军以涉嫌故意伤害罪被警方刑事拘留。案件在当地引起了社会的广泛关注。那么，面对这么一起特殊的未成年人伤害案件，司法机关将如何处理呢？

附条件不起诉，又称为暂缓起诉，是指检察机关在审查起诉时，根据犯罪嫌疑人的年龄、犯罪性质和情节、原因以及悔过表现等，对犯罪嫌疑人设定一定的条件，如果在法定的期限内，犯罪嫌疑人履行了相关的义务，检察机关将依法做出不起诉的决定。

附条件不起诉制度要符合以下条件：第一，主体必须是未成年人犯罪案件；第二，罪名必须是侵犯公民人身权利、财产权利等轻微犯罪，并且是可能被判处一年以下有期徒刑、管制等刑罚的犯罪；第三，行为人要有悔罪表现；第四，人民检察院作出附条件不起诉的决定以前，应当听取公安机关、被害人的意见。

本案中，李军因为姐姐与婆家人的矛盾，酒后出于义愤打伤叶老太太，构成故意伤害罪。但李军系未成年人，事后真诚悔罪，李家也做出经济赔偿，检察机关考虑到本案的特殊情况，从维护社会和谐稳定，保护未成年人权益的角度出发，在征求叶家人意见基础上，对李军作出附条件不起诉决定，考验期为6个月。

在外地的李燕红得知弟弟的事情后，又惊讶又痛心，她和叶晨第一时间赶回家，分头修复两家的关系。最终，李燕红带着弟弟，登门向叶晨的妈妈及家人真诚道歉，两家人同意重归于好。随后李燕红和叶晨办理复婚手续，重新开始了新的生活。

律师评点>>>

对于喜爱的东西所产生的占有欲，是不是就是我们所说的爱呢？出于这种爱，我们把天上的小鸟关进笼子，当作私人的收藏；出于这种爱，当我们在野外看到一簇美丽的花，我们就想把它弄到自家的花盆里。然而，这不是爱，是占有。

爱与占有恰恰相反，爱一个人并不是要占有她，而是要让她快乐，让她幸福。只有让所爱的人幸福快乐，本人才会感到开心。如果自己所爱之人不能高高兴兴的，那自己也不会开心。如果因为自己的爱，而让对方感受到了压力，就要收藏起这份爱，而不会让对方因为自己受到一点点的苦恼。

案例当中的姐弟亲情本无可厚非，但弟弟把这种亲情凌驾在姐姐爱情之上，成为摆在姐姐婚姻面前的绊脚石，不但害了自己，也伤害了包括姐姐在内的所有亲人。所有爱家的人、爱亲人的人都应深思，不能用爱的名义去绑架亲人的幸福。

爱是伟大的，占有是自私的，这就是两者最大的区别。

同胞姐姐霸家产

关键词　遗嘱的效力

案例故事>>>

2015年年底的一天夜里，南方某市一幢居民楼里，一对中年夫妻和一个年轻女孩正在激烈地争吵，突然，男人一抬手打过去，女孩的脸上顿时出现了一道鲜红的血印。女孩"哇"的一声哭出来："这是你们逼我走，好，我今天就离开这个家。"说完拉开房门就跑了出去。留下屋里的夫妻俩，气得浑身发抖。

男人叫秦海涛，是一家服装厂的老板，女孩是他们的独生女秦美玉，父女之间发生了什么，竟然会闹到大打出手的地步？这还是因为十天前发生的一件事。

这天下午，秦海涛刚刚坐到办公室，突然，几个文身壮汉气势汹汹地闯进了进来：你女儿欠我们200万元，一个星期以内不还钱，就让你们好看，说完，扔下一张字条扬长而去。

什么，女儿欠下200万元？秦海涛赶紧捡起那张字条，上面赫然写着：今欠现金200万元，落款正是女儿秦美玉的笔迹。天啊，这怎么可能？秦海涛目瞪口呆，女儿开设的美容院虽说不挣钱，可也不至于亏空这么多啊。秦海涛是又惊又气。

说起这个秦美玉，还真不让秦海涛夫妇省心，高二那年，秦美玉迷上了电子游戏，不好好学习，最后干脆不读书了。回家后，秦美玉不是窝在家里打游戏，就是出去混社会。这让秦海涛和妻子翠花十分头痛，他们意识到，不能再由女儿这样任性下去。此后，他们开始控制女儿的花销，经常劝说她找个正经事儿做。

也许是夫妻俩的唠叨起了作用，一年前，秦美玉提出要100万元，说和男友准备接手一家现成的美容院，现在万事俱备，只欠启动资金。女儿创业信心满满，而秦海涛听后，断然拒绝。

原来，女儿的男友是一个不务正业的社会青年，两个年轻人一没经验，二不懂经营，一下子投资100万元，风险太大，秦海涛当然不同意。他建议女儿，不如先去打工学习，历练一段时间再说。

没承想，女儿振振有辞，“你们到底想我怎么样？不做事，你们说我，现在我要做事，你又不相信我。”遭到拒绝的女儿是又哭又闹，夫妻俩犯难了，怎么办呢？

两人商议后，只能妥协同意。不过秦海涛觉得，有压力才会有动力，他向女儿撒了个善意的谎言：“我们现在手头也没有现成的100万元，但可以帮你找别人借，你要按时还钱，还要支付利息。”“没问题，你就等着在家数钱吧。”秦美玉满口答应。

就这样，秦美玉打下借条后，拿到了创业资金100万元，美容院很快就开了张。秦海涛满心希望女儿能够安心做事，赚钱多少不论，只要能挣个生活费养活自己就好。那么，秦美玉能遂父母的心愿吗？时间仅仅过了半年，这麻烦就来了。

由于不懂如何经营和控制成本，美容院从开张第一个月起，就陷入亏损，大半年下来就亏了60多万元，这下可把秦美玉给愁坏了，当初在父母面前夸下海口，打下欠条，年底结算利息，眼看就要到期限了，现在别说利息，看来本金都已经无法保住，这可怎么办呢？秦美玉一筹莫展。

这时，男友出了主意，开美容院累死累活，还是进得少出得多，听说有人推牌九，一晚上就赢了好几十万元呢。哎，我看，不如咱们也去试试手气。

在男友的怂恿下，秦美玉来到地下赌场，一开始她的手气特别好，轻轻松松地就赢了好几万元。然而，好运气并没有持续太久，很快她就连本带利全部输光了，秦美玉哪里甘心，她用美容院作抵押，去换了筹码继续下注。结果可想而知，两个月下来，秦美玉欠下了200万元的高利贷。

放贷的催债不成，知道秦美玉的父亲开设有服装厂，这才有了壮汉上门向秦海涛讨债的那一幕。“爸，救救我吧，他们说了，再不还钱，就要了我的小命。”看着痛哭流涕的女儿，秦海涛心里是又气又恨。

他万万没有想到，女儿竟然会糊涂到这个地步，走上赌博的歧路。现在美容院没了，100万元打了水漂，还欠下这帮凶神恶煞两百万元的高利贷，这可怎么办才好呢？

妻子翠花哀求丈夫，虽说秦美玉不争气，但毕竟是咱们的女儿，你这个做父亲的，可不能撒手不管啊。听到妻子这么说，秦海涛咬咬牙，变卖了服装厂的部分资产，偿还了秦美玉欠下的高利贷。

债务还清后，秦海涛觉得，这件事不能就这么算了，开美容院是女儿男友提出来的，进赌场也是他怂恿的，俗话说得好，近朱者赤，近墨者黑。女儿必须跟这个不正经的男友分手。然而，女儿对父母苦口婆心的劝说置之不理，仍旧整天和男友混在一起。

这下可惹恼了秦海涛，最终，他发出最后通牒，女儿不跟男友分手，就滚出这个家门。

其实，秦海涛只是想吓唬一下女儿，哪知道秦美玉当了真，她一不做二不休，和男友在外边公开同居了。这下可不得了，流言蜚语一下子就散开了，秦海涛那个女儿呀，真是不争气，辍学，赌博，未婚同居，走在外边，夫妻俩总感觉有人在背后戳自己的脊梁骨。

妻子翠花本来就身体不好，经受不住被人指指点点，一病不起，整日以泪洗面：都怪我们过于溺爱美玉，不过，不是你当年狠心送走了小女儿，也不会有今天这个情况，这都是作的什么孽啊。

什么小女儿？秦美玉不是独生女吗？怎么会冒出一个小女儿？还说是被秦海涛狠心送走了，这究竟是怎么回事呢？妻子的话似万箭穿心，把秦海涛的思绪拉回到25年前。

1990年，经人介绍，秦海涛和邻村的翠花结为夫妻，婚后一起南下打工。由于没有文化，只能在一家制衣厂工作，每天起早贪黑，住的是集体宿舍，每月也只能挣个生活费。

半年后，妻子翠花怀孕了，第二年生下一对双胞胎女儿。看着怀中健康可爱的两个小家伙，秦海涛却开心不起来。因为经济拮据，工作繁重，夫妻俩根本没有能力养活两个孩子。这可怎么办呢?

就在这时，工友找上了门:“我有个远房亲戚，夫妻俩为人本分，婚后无法生育，一直想抱养个孩子。我看你们照顾两个孩子真是不容易，不如留一个，送一个，负担会减轻不少。”

工友的话说到了秦海涛的心坎上，他跟妻子商量，送养也是没有办法的办法，总比两个都养不活强。再说送养一个，我们以后可以再生个男孩。翠花心里万般不舍，可是也想不出更好的办法，她含着眼泪要求工友作保要对女儿好，这才勉强答应。

就这样，秦海涛送出了双胞胎的小女儿，之后，夫妻俩经过努力，从普通工人逐渐成长为技术骨干。五年后，两人辞掉工作，创办了一家制衣厂，经过多年的奋斗打拼，生意顺风顺水，逐渐积攒下几百万元的身家。

这期间，夫妻俩也计划再要一个孩子，可翠花检查出患上子宫肌瘤后，为了省钱，在一个小医院做摘除手术时出了问题，最终失去了生育能力。就这样，留在身边的双胞胎姐姐成了他们唯一的孩子。夫妻俩把对小女儿的愧疚都补偿在大女儿身上，加上忙于生意经营，没时间管教，他们就用金钱作为补偿，对女儿是有求必应。结果反而养成了女儿自私自利、我行我素的性格。想不到溺爱却害了秦美玉，也给夫妻俩带来了无穷无尽的烦恼。

翠花这一病就是半年多，身体情况越发糟糕，子宫竟然出现了恶性病变，得知时日不多的翠花，更加思念起已经送人的小女儿。看着相濡以沫、病入膏肓的妻子，秦海涛暗下决心，要找到小女儿，让她重新回到妻子身边。

可是，时间过去了二十多年，人海茫茫，如何才能找回失散多年的女儿呢？功夫不负有心人，三个月的打听和找寻，几经周折，在原来工友的协助下，秦海涛终于确认了小女儿的下落，目前她在西南某县城一家公司做会计，名叫李春红。

2016年5月的一天上午，秦海涛从千里之外赶来见到了李春红。在派出所的协助下，经过医学鉴定最终父女相认，两人是抱头痛哭："春红，都怪我，可那个时候，真的是迫不得已呀，现在你母亲卧病在床，就眼巴巴地盼着你回家啊。"秦海涛是老泪纵横。

李春红擦擦眼泪说："爸，自从我知道自己的身世后，就无时无刻不想念你们。可是，我不能答应你的要求啊。"

什么，女儿已经知道自己的身世了？她是怎么知道的？既然知道，她为什么没有寻找亲生父母呢？更让秦海涛尴尬的是，女儿竟然拒绝了回家的请求。这到底是怎么回事？这还要从两年前李春红接到的一个电话说起。

这天，李春红刚上班，急促的电话铃响起，是县人民医院急诊室打来的，说妈妈一早上街买菜时被车撞倒，现正在医院抢救。李春红连忙赶到医院，医生告诉她，患者失血过多，需要马上输血，血库目前告急，需要找人献血。

"我是患者的女儿，我来。"李春红挽起袖子说。可是，验血结果让李春红大吃一惊，医生告诉她，你的血型和母亲不配对，不能进行采血。最终医院从血站紧急调配，老人才转危为安。

两个月后，妈妈康复出院了，可李春红心结越来越深，她暗地查了一下，自己的血型不仅和母亲配不上，而且和去世的父亲也无法配型，是不是医院搞错了？如果医院没有错，那只有一种可能，那就是自己并不是母亲的亲生女儿……那么，自己的亲生父母究竟是谁，现在人又在何处呢？

李春红终于按捺不住，向母亲提出了自己的疑问，面对医院的血型报告单，母亲知道，往事无法再隐瞒下去，只好坦诚了埋藏20多年的秘密。原来，自己和丈夫婚后不能生育，经亲友介绍抱养了一个出生不久的女孩，取名李春红。夫妻俩视同已出，春红初三那年，父亲因病去世，家里经济拮据，是母亲节衣缩食，四处给人做保姆、洗衣服供她读完中专。

春红，妈不是有意瞒着你，我们是真的把你当成亲生孩子啊。你爸走后，你更是我唯一的亲人和全部的希望，求求你不要离开我，好吗？看着母亲憔悴苍老的面容，李春红心潮涌动，母亲含辛茹苦养育自己长大成人，现在体弱多病，自己无论如何都不能离开她。

想到这儿，李春红安慰母亲：“妈，我只是问问而已，我的生父母既然不要我，我也不想再去打听他们的消息了。您放心，时间都过去了20多年，您就是我的亲生母亲，我就是您的亲生女儿，我俩今生今世永不分离。”

就这样，李春红答应母亲不再打听自己的身世。然而，这还没过两年，亲生父亲就通过原工友和派出所辗转找到了自己。原本希望可以安安静静陪伴养母走完余生，以报答她的养育恩情。现在亲生父女已经相认，李春红纠结万分。

原来是这样啊。秦海涛听完了女儿的讲述，心里很不是滋味，养母年事已高，孤苦伶仃，正需要孩子的照顾，此时让李春红跟自己走，对老人无疑是沉重打击。

“爸，妈现在病重，您还是先回去，容我好好想想再说吧。”女儿把话说到这个份上，秦海涛只能暂且作罢。

回到酒店已是晚上，秦海涛一夜无眠，他不知道怎么向病重的妻子交代，他更担心，妻子羸弱的身体，能否经受住女儿无情的拒绝呢。

就在他沮丧万分准备返程的时候，事情发生了变化，第二天清早，他意外地接到了李春红的电话，女儿说，要和他一起回家看望母亲，秦海涛喜出望外。可是，昨天执意拒绝的女儿，怎么会一夜之间就改变了主意呢？

昨天晚上，虽然拒绝了父亲的请求，但和秦海涛的见面，李春红受到了巨大的情感冲击，尤其是听说未曾谋面的母亲病重在床，备受相思之苦，她更是陷入了极度的心神不宁当中。

养母看出女儿满怀心事，一再追问，李春红便将白天和生父见面的事和盘托出。养母深明大义，主动要求李春红回家看望：“傻孩子，毕竟血浓于水，你的亲生母亲现在比我更需要你，你赶紧去看看她吧。至于今后，你已长大成人，自己决定就好。”

就这样，李春红随父亲回家探望母亲，翠花喜出望外，再加上精心治疗，病情开始趋于稳定，一个月后，翠花回家康复理疗。

李春红反复考虑，姐姐秦美玉虽说任性，但毕竟还是父母的亲生女儿，而养母身边只有自己这一个亲人，她决定还是随养母生活，以后定期来探望亲生父母。这个安排合情合理，秦海涛和妻子也欣然同意。

2016 年 7 月，李春红再次来到亲生父母身边，第一次见到了失散 20 多年的姐姐秦美玉。李春红好言相劝姐姐回到父母身边，然而，她没想到的是，自己的一片好心，不但没有得到姐姐的理解，更引发了家庭的一场轩然大波，这又是怎么回事呢？

原来，姐妹相认后，秦美玉的男友就在她耳旁嘀咕：你现在和父母闹得水火不容，父母不远千里找回这个妹妹，不会是想把家产全部留给她吧？我看这事儿，你得早做准备。

一语惊醒梦中人。秦美玉赶紧咨询法律人士，得知李春红被送养后，和亲生父母已经切断了抚养关系，所以，在法律上不具备继承亲生父母财产的权利。但是，法律上也允许遗嘱指定继承。也就是说，父母也可以指定其他人来继承自己的房产，从而排除法定继承。

什么？遗嘱继承可以排除法定继承，这可怎么办？在男友的怂恿下，秦美玉重新回到家中，要求父母立下遗嘱，把家产全部留给自己。

这下可惹火了秦海涛。哦，搞了半天，你回来不是尽孝的，是怕我们把财产留给小女儿，是为了争财产来的。他严厉斥责了秦美玉的自私和不孝，双方矛盾开始升级。

这天是周末，秦海涛开车带着老伴出门散心。行车至郊外山路，大女儿秦美玉打来电话再次提及遗嘱。秦海涛边开车边打电话，两人争吵起来，情绪激动之下，路过急转弯，由于占道行驶，秦海涛的车子与迎面而来的大货车轰然相撞，悲剧发生了，妻子翠花当场身亡。经过抢救，秦海涛脱离生命危险。

三个月后，秦海涛出院了，姐姐秦美玉抢着将父亲接回家中照料。然而，对于妹妹李春红的探望，她断然拒绝。

原来，秦美玉抢着照顾父亲，是有着自己的小算盘，一来是出于对父母车祸的愧疚，父母突遭意外，自己多少都脱不了干系。二来母亲去世，父亲生活不能自理，这家产的归属就变得异常敏感。此时，只有把父亲把在自己手上，才会在财产分配上增添砝码。

然而，秦海涛看透了秦美玉的心思，压根不理会她的假意孝敬。更让秦美玉没有料到的是，自己抢来父亲照顾，抢到的竟然是份苦差事，父亲生活不能自理，每天端屎端尿，习惯享乐的秦美玉哪里受得了。而秦海涛还天天指责秦美玉没良心。时间一长，两人的关系越搞越僵。委屈的秦美玉一气之下，把父亲送进了养老院，跟着男友去了外地，干脆撒手不管了。

李春红得知了消息，征得养母的同意后，把父亲从养老院接回了自己家中，悉心照料。然而，由于交通事故造成的伤势过重，半年后，父亲还是离世了。

得知父亲去世的秦美玉赶了回来，让她意外的是，妹妹李春红及养母竟然住在了自家的房子里。父亲的后事料理完毕，秦美玉向妹妹提出，立即搬出自己的房子，你已经被送养，不具备继承财产的权利，这所房子，应该归自己所有。

然而，让她目瞪口呆的是，李春红拿出了一纸遗嘱：父亲将这所房子全部留给了李春红。

价值百万元的房产归妹妹所有，这怎么可能？这一定是李春红伪造的证据。秦美玉一纸诉状，要求人民法院确认遗嘱无效，房产归自己所有。

那么，这份遗嘱到底是真是假？法院又将做出什么样的判决呢？

经过司法鉴定和法院调查，遗嘱确实是秦海涛生前亲笔书写，那么按照法律规定，遗嘱继承优先于法定继承，所以，依照遗嘱内容，李春红是这套房产的合法继承人。

但法院认为，这份遗嘱不完全有效，这又是怎么回事呢?

我国继承法规定，公民可以立遗嘱，将个人财产指定法定继承人以外的人继承。但法律同时规定，立遗嘱人以遗嘱形式有权处分的只能是其个人财产，如果遗嘱中有涉及他人财产的，在法律上就属无效。

本案中，翠花去世后，房屋属于夫妻共同财产，翠花拥有的财产依法由秦海涛和大女儿秦美玉共同继承。该房屋翠花拥有二之一的财产权，则秦海涛继承房屋的四分之三份额，大女儿继承房屋的四分之一份额。秦海涛立下遗嘱，只能处分属于自己的那部分财产份额，而无权处分秦美玉应继承的那四分之一财产份额。所以，人民法院认定，这份秦海涛亲笔书写的遗嘱系部分有效。

听完法官的法律释明，李春红主动向人民法院表达了调解意向，现在父母亲都已经去世，姐姐就是我在人世间最亲近的人，再多的钱再多的财产，也换不来血浓于水的亲情。最终，在法官的主持下，姐妹俩冰释前嫌，握手言和，姐姐支付李春红20万元，房屋归秦美玉所有。

律师评点>>>

偏见扎根于欲望的土壤。一个人的欲望和偏好，基本主宰了他对一切事物的看法。

失散多年的妹妹终于相认，原本是皆大欢喜的事，而姐姐秦美玉却对此心存偏见，实际是担心妹妹回来分割父母的百万元家产，这也是整个家庭不幸和苦难的导火索。秦海涛夫妻的溺爱，不仅害了姐姐秦美玉，也害了自己，所幸小女儿李春红重德重孝，用宽容和善良，最终化解了家庭恩怨。

案例提醒每一位儿女，百善孝为先，尊老、敬老、爱老是中华民族的传统美德，善待父母，善待老人，就是善待明天的自己。

被逼婚的卖房人

关键词 防范电信诈骗

案例故事>>>

2016年10月的一天，南方某市的一个居民小区里，姜红芳正在和妈妈吃晚饭。一个男人拎着礼物敲开了房门，见到姜红芳的母亲，他亲热地叫了声："妈！"一旁的姜红芳气得浑身发抖："谁是你妈？你这个无耻的骗子。"男人拿出一本结婚证，笑嘻嘻地说："你看，我们都是合法夫妻了，你妈当然是我妈。"

老太太听得一头雾水，这个男人是谁，女儿的男友不是李明阳吗？怎么和这个男人领了结婚证？这还得从姜红芳卖房说起。

这天是周五，快下班的时间，姜红芳接到一个陌生的电话，说有客户看中了她在网上挂牌出售的房屋，相约实地看房。姜红芳想到第二天休息，于是约定周六上午去看房。

第二天，姜红芳见到这个30岁出头的男人，自称叫张文强。看完房子，张文强感到很满意，经过一番讨价还价，双方达成一致，房屋以100万元成交，过户费各自承担。两人约定，3天后备好材料，一起到房管局办理过户手续。

网上挂了一个月的房子终于有了买主，姜红芳心里特别高兴，自己急着用钱，可是来看房的人多，真心谈价的少，没想到，今天一下子就谈成了，价格也在自己的预想当中。那么，这套房子能不能顺利脱手变现呢？没想到，3天后，事情就发生了变化。

这天，她和张文强约好来到房管局，双方在业务大厅签订了《二手房买卖合同》，在办理手续时，工作人员告诉她，你这套房子买入时花了55万元，现在出售100万元，按照规定，买入房产不满5年再次出售的，需缴纳营业税、契税和个人所得税，这样算下来，将近10万元。

这么多钱，姜红芳不由得倒吸一口凉气。本来想能得到100万元，现在一下子就少了10万元，姜红芳心里火辣辣地疼，怎么办？姜红芳眼珠一转，要求张文强承担税费。张文强一听就不乐意了："我俩可是说好了的，房价100万元，过户费自理，你这样做，不是临时加价吗？"

两人争执半天，张文强寸步不让，双方不欢而散。就这样，煮熟的鸭子飞走了，姜红芳又懊恼又生气。之后她指望有新的买主出现，可随后的一段时间，房子竟然一直无人问津。就在她着急的时候，张文强再次打来电话，让事情有了新的转机，然而，这次，他提出一个建议，让姜红芳犹豫不定。

张文强说，自己确实看中了这套房，位置、房型和价格都符合他的要求。他表示，税费这事，还有商量的余地，具体做法，双方见面详谈。

事情峰回路转，姜红芳很高兴。第二天，两人一见面，张文强问："房产证上是你的名字吗？"姜红芳回答："当然，只有我一个人的名字。"张文强又问："那你爱人同意你卖房吗？我没结婚，可以自己做主。"

听到这儿，张文强脸上露出笑容："好，你不是想省钱吗？我有一个办法，这10万元，咱俩呀，谁也不用掏。"什么，都不用掏这10万元？姜红芳瞪大了眼睛望着张文强。

"你看这样，咱俩可以假结婚，先办个结婚证，然后你把房子登记到我名下，夫妻之间过户是不用缴纳税费的。然后我们再离婚，这样，10万元不就省下来了？张文强得意扬扬地说。"

什么？假结婚，真过户，再离婚？姜红芳本能地拒绝："和你结婚，那可不行。"张文强听了也不生气："不急不急，你考虑几天再说。我知道你急用钱，我可是真心诚意帮你，过了这个村，就没有这个店，你再好好想想。"

张文强说完走了，姜红芳陷入了极度的纠结之中。她之所以要急于卖房，又如此在乎这10万元税费，是因为她要帮助急需资金的男友。

姜红芳的男友李明阳是一名摄影师，在这个城市的圈子里小有名气，可是因为没有自己的工作室，他只能四处给别人打工，收入很不稳定。

半年前，姜红芳兴冲冲地把男友带回家。姜红芳母亲觉得，李明阳没有稳定工作，没车没房，坚决不同意这门婚事。为了让姜红芳母亲接受自己，李明阳决心辞职创业，开一家个性婚纱店，证明自己的能力。

主意打定，李明阳四处借款，又拉上同学合伙投资，可就在李明阳选好门面，装修过半时，意外发生了，同学因为酒后驾驶出了交通事故，赔了对方一大笔钱，说好的后续投资就此打了水漂。

后续资金跟不上，装修款、摄影器材和人工费，都无从谈起，婚纱店也就开不起来。更要命的是，房屋租金和装修已经投进去60多万元，绝大部分是管亲朋好友借的钱，这一下子，李明阳连跳楼的心都有了。

看到男友焦头烂额，姜红芳心急如焚，婚纱店开不起来，两人的婚事肯定会完蛋，怎么办呢？情急之下，她想起自己名下的那套房产。对，卖掉房子帮助男友，只要创业成功，两人的感情就能修成正果，等以后有了钱，也不怕买不到好房子。想到这儿，姜红芳咬咬牙。

那么，姜红芳只不过是一个刚入职场不久的小姑娘，怎么会有一套房子呢？

原来，姜红芳大学毕业前，父母因为感情不和而离婚，父亲在远走他乡前，留给她一套120平方米的精装房，房产证上写的是姜红芳的名字。参加工作后，因为单位距离房子远，姜红芳就跟母亲住在一起，这套房子一直空着。

办法想到了，但卖房这事，绝不能让母亲知道，否则肯定会遭到母亲的坚决反对。同时，姜红芳也想在卖房拿钱之后，能够给男友一个惊喜。于是，她就瞒着母亲和男友，在网上发布了卖房的信息。

可是，计划没有变化快，原本和张文强谈好的100万元房款，刚好能补上婚纱店开业的资金缺口，可现在交了这10万元税费，婚纱店还是开不起来。

现在，张文强提出假结婚避税的办法，姜红芳下意识地觉得不靠谱。可是，在拒绝张文强后，她又找不出能解决这个问题更好的办法。她上网搜了一下，惊讶地发现，还真有通过假结婚来避税的事儿，这让她开始动心。

现在火烧眉毛，用钱在即，不如先答应张文强，省下这10万元钱，等100万元到手，房子一过户，就马上办离婚。对，就这么办，反正是假结婚，也没什么成本，自己不说，谁也不会知道。

就这样，姜红芳同意了张文强的建议，2016年8月，两人口头约定，张文强先支付姜红芳30万元，两人一起去民政局领取结婚证。等房屋过户完成，拿到房产证，张文强再付清尾款70万元，两人办理离婚登记。

一切按照计划在向前推进，姜红芳的心里有些忐忑不安，她不停地自我安慰，事成之后，再向男友解释，自己的一片苦心，李明阳一定可以理解。现在自己要做的，就是想方设法筹齐这100万元，帮助男友把婚纱店开起来。

那么，事情能像她想象的那么简单吗？接下来，张文强的所作所为，远远超出了姜红芳的预料，让事情变得不可收拾。

一个星期后，姜红芳和张文强一起到房管局领回变更过户的房产证。按照协议，此时，张文强需支付尾款，并和姜红芳办理离婚。可是，张文强刚拿到房产证，就接到一个紧急电话，说有要事处理，约姜红芳第二天再去办理离婚手续。看到张文强心急火燎地打车离开，姜红芳也没有多想。

可是，到了第2天，张文强的电话却无人接听。姜红芳又连续约了几次时间，张文强总是找各种理由推脱，也一直没有把70万元尾款打到约定的账户上，离婚这事儿，他更是提都没提。这下可把姜红芳急坏了，这是什么情况，自己不会是遇到了骗子吧，姜红芳一筹莫展。

那么，这个张文强到底是个什么人呢，他为什么要向姜红芳提出结婚避税的建议，是好心帮忙，还是故意设下圈套呢？

3年前，张文强和朋友合伙做生意，亏得一塌糊涂，妻子也跟他离了婚，一无所有的他跑到南方，搞起了电信诈骗。他盗用第三人名义办理银行卡，购买手机和电脑，然后在网上制作网站，发布低价销售车辆的虚假信息。他所雇请的客服人员，负责联系购车事宜，以支付车款、保证金为由，一步一步地诈骗钱财。短短一年时间，他竟然获利不少。看到风声变紧，他提前收手，转战到这个城市。

起初，张文强想到通过炒房，洗白这些不法获利。在看房时，他偷听到了姜红芳和闺蜜的通话，得知姜红芳是背着家人偷偷卖房的，又得知姜红芳还没有结婚，不禁对单纯漂亮的姜红芳动起了歪心思。

他盘算着，先说服姜红芳和自己假结婚，等到房产过户后，这房子已经在自己名下，姜红芳又和他登记结了婚，如果再想办法把生米煮成熟饭，岂不是财色双收的好事。

张文强想得倒是挺美，可把姜红芳给气疯了，房子过户给张文强，这房款不付不说，连婚都不离了。更让她目瞪口呆的是，张文强竟然直接向她表白：我是真心喜欢你，我保证，一定会对你好的。

张文强的嘴脸，让姜红芳感到恶心，癞蛤蟆想吃天鹅肉，还赖着不走了，你真不要脸！快跟我去办离婚手续，把剩下的钱给我！姜红芳又羞愧又愤怒。

看姜红芳软弱好欺负，张文强得寸进尺，居然提着礼物找上她妈妈的家，上门自认女婿，把两人结婚的事给抖搂了出来，这才出现了案例开头的那一幕。

这下可把老太太气坏了，她指着姜红芳说：你这是存心要气死老娘吗？你把你爸留给你的房子卖了，还跟这个家伙结婚？看你干的好事。

老太太要撵张文强出去，张文强死赖着不肯走，家里闹成一团。邻居们纷纷出来看热闹，这下子，姜红芳为卖房假结婚的事情，很快就在小区里传开了。

男友李明阳很快得知了消息。事情到了这般田地，瞒是瞒不住了，面对李明阳的质问，姜红芳只得一五一十把事情的经过告诉了男友：明阳，我没有做对不起你的事，因为急着帮你筹钱，一时糊涂上了他的圈套，我们真的是假结婚，你一定要相信我。

听到女友的哭诉，李明阳心里像打翻了油盐罐儿，不是个滋味，他相信女友所说的一切。可是，李明阳的家人却无法接受，她说是假结婚，可这结婚证是真的呀，怎么说都是结过婚的女人，我们老李家丢不起这个脸面。母亲以死相逼，李明阳无奈，只得硬着头皮，向姜红芳提出分手。

事已至此，姜红芳知道已经无法挽回，她平静地接受了分手。她拿出一张银行卡说："明阳，这里面有30万元你拿去用，愿你创业成功，我姜红芳没有做对不起你的事情。说完含泪离去。"

看到女友离开，李明阳羞愧难当，他萌发一股冲动，觉得自己应该不顾家人反对，挽回这段恋情。但转念一想，正是因为自己没钱没势，女友才不得不出此下策。此时的他一穷二白，说什么都苍白无力，只有把婚纱店开起来，创业成功，靠实力才能说服家人，接回姜红芳。

想到这儿，李明阳下定决心，重新调整经营规模，没日没夜地发奋工作。经过一年的打拼，婚纱店就收回了成本开始盈利，他期待着找回姜红芳重归于好，那么，事情能如他所愿吗？

2017年年底的一天，当李明阳捧着玫瑰再见姜红芳的时候，眼前的模样让他大吃一惊，姜红芳身形瘦削，神情憔悴，这一年发生了什么，女友怎么会变成这副模样？接下来姜红芳的陈述，让李明阳是目瞪口呆。

一年前，两人分手后，姜红芳的人生跌落到谷底。她向张文强提出离婚，要回房子。可是，对于张文强要求返还30万元房款的要求，她却无法满足，因为这钱已经给了李明阳。就这样，离婚的事情也是一拖再拖。心灰意冷之下，姜红芳产生了自暴自弃的念头。

就在这时，张文强一改往日的咄咄逼人，不失时机地开始献殷勤，百般讨好姜红芳。这让她觉得，现在和张文强没办法离婚，就是离了婚，自己的丑事已经人尽皆知，又有哪个男人愿意娶自己呢？既然不能嫁给所爱的人，那嫁谁不都是嫁，加上张文强对自己也还不错，时间一长，她就接受了张文强。

然而，随着了解的进一步深入，姜红芳发现，这个假戏真做的丈夫，居然还有着不为人知的阴暗面，而自己，在其设计的陷阱里越陷越深，最终无法抽身。

姜红芳发现，张文强工作很神秘，每天都在网络上忙碌，不停接听和拨打电话，而且有意在回避自己。久而久之，姜红芳隐隐感觉，张文强似乎有着不可告人的秘密。终于有一天，她趁张文强不在的时候，设法打开了他的电脑，天啊，自己的直觉没有错，张文强竟然在从事电信诈骗的勾当。

姜红芳不寒而栗，她劝张文强及时收手。没想到，张文强根本不以为然，还让她不要多管闲事。

姜红芳苦劝无果，再次提出离婚。没想到，张文强立刻撕下了温情脉脉的面具，露出凶恶狰狞的面目，他拿着刀子在姜红芳面前比画威胁："你给我老实点，不然的话，我要你的小命，也让你老娘不得安生。"

同时，张文强也很警觉，他把所有设备全部转移出去，每天早出晚归，也不告诉姜红芳自己的行踪。姜红芳稍有微词，他就拳打脚踢。就这样，姜红芳每天都在担惊受怕中度过。

听完姜红芳的哭诉，李明阳心如刀绞，短短一年时间，姜红芳遭遇的重大变故，都是因自己而起，咱们报警告他去，让他坐牢。

别别别。姜红芳一把拉住李明阳说："我好害怕，怕他真的拿刀伤害我和家人，更何况，报警也要有确凿的证据啊。"

证据？听到这儿，李明阳低下了头。突然，他眉头一皱，计上心头，他把自己的想法告诉了姜红芳。听着听着，姜红芳紧锁的眉头露出了笑容。

那么，李明阳将如何对付狡猾的张文强，他又能否解救姜红芳于水深火热之中呢？

张文强的办公地点在一个偏僻的居民楼里，他重新物色招募了几名客服人员，亲自做上岗培训，悉心传授诈骗的话术和技巧。一周下来，张文强对培训效果相当满意。就在他计划着再干几票大的生意，就收手带着姜红芳离开，转战其他城市的时候，警察突然出现，让他措手不及。

面对警方的盘问，张文强坚持声称，自己是搞电子商务的正当生意。然而，他做梦都没有想到，警方已经掌握了大量的录音录像证据，证实其为电信诈骗做着充分的犯罪准备，铁证之下，张文强只得如实供述了自己的所作所为。

那么，警方是如何准确掌握张文强的犯罪线索，将其及时抓获的呢？原来，他所培训的客服人员中，潜伏进了一名卧底，正是李明阳，他用姜红芳提供的信息，通过网络联系上了张文强，在取得他的信任后，应聘成为客服人员。李明阳是专业摄影师，对各种摄录方式十分熟悉，他用隐形摄录设备，在培训过程中，将准备实施诈骗的行为和活动一一偷拍下来，提交给了警方。

警方经过深挖后发现，张文强等人通过网上购买了用于实施诈骗的手机4台、电话卡20多张、银行卡等作为工具，并购买了各类公民信息、诈骗剧本等资料，先后骗取54名被害人钱财共计75万元。人民法院最终以诈骗罪，判处张文强有期徒刑11年，并处罚金10万元。

随着手机和网络快捷支付的兴起，像张文强这样的骗子，利用电信网络等方式进行诈骗，花样翻新，让人防不胜防。那么，应该如何提升防范意识和能力呢？

电信诈骗，是指犯罪分子通过电话、网络和短信方式，编造虚假信息，设置骗局，对受害人实施远程、非接触式诈骗，诱使受害人给犯罪分子打款或转账的犯罪行为。

那么，如何防范电信诈骗呢？

首先是不轻信。不要轻信来历不明的电话和手机短信，不管不法分子使用什么甜言蜜语、花言巧语，都不要轻易相信，要及时挂掉电话，不回复手机短信，不给不法分子进一步布设圈套的机会。

其次要做到不透露。巩固自己的心理防线，不要因为贪图小利，而受到诱惑。无论什么情况，都不向对方透露自己及家人的身份信息、存款、银行卡等情况。如有疑问，可拨打“110”求助咨询，或向亲朋好友寻求帮助。

再次是不转账。学习了解银行卡常识，保证自己银行卡内资金安全，绝不向陌生人汇款、转账；公司财务人员在汇款、转账前，要再三核实对方的账户，不要让不法分子有可乘之机。

最后，如果上当受骗，切记要及时报案。可直接拨打“110”，并提供骗子的账号和联系电话等详细信息，以便警方能尽快展开侦查，争取追回经济损失。

只要做到以上4点，哪怕犯罪分子再狡猾，也没有可乘之机。

俗话说得好，莫伸手，伸手必被捉。张文强锒铛入狱，是罪有应得。姜红芳在警方的主持调解下，和张文强办理了婚姻关系解除手续，与男友重新开始了新的生活。

律师评点>>>

过度的欲望是人遭受磨难的根源。诚然，欲望可以使人得到欢乐和幸福；但这欢乐、幸福的背后却可能是苦难，乐极是要生悲的；一切欲望实现之后，可能也免不了灾难。

姜红芳以假结婚的方式逃避房屋税费，最终是占了小便宜吃了大亏，教训极其深刻。婚姻是神圣和严肃的，切不可把婚姻当成谋取利益的工具，否则只能自酿苦酒，咎由自取。

案例的法律点贴合社会热点。随着金融业、电信业和互联网的迅猛发展，借助手机、固定电话、网络通信技术和网银技术的电信诈骗变得花样繁多，从座机的“猜猜我是谁”，到短信的“恭喜你中奖”，到QQ的“请把钱打到某账户”，再到微信上的“诚征发财机会”等，被害人一次被骗数万元至数百万元的案件屡屡发生，“生意本”、“救命钱”、“棺材本”、养老金等被骗个精光。

电信犯罪行为越来越具有迷惑性，也越来越隐蔽。其实，电信诈骗并不可怕，它们都有着很明显的诈骗痕迹，无论花样怎样翻新，手段怎样伪装，从整体情况来看，主要还是利用受害人胆小怕事、贪小便宜等心理弱点，实施犯罪行为。只要坚持做到不轻信、不汇款、不转账，就能最大限度地防止被骗。

执着的上司爱上我

关键词 过失致人死亡罪

案例故事>>>

2015年9月的一天夜里，公司行政文员苏菲扑在合租女友的怀里，哭诉着晚上在办公室发生的一幕。女友听完，一下跳起来说：赶紧报警，让那个混蛋进公安局。说着，就拿起了手机。

别，不要报警，苏菲赶忙拦住。女友愣住了："你傻呀，他三番两次地骚扰你，今天竟然对你动手动脚，难道你还怕他不成？"苏菲低下头说："不，我不是怕他，我只是担心我那可怜的哥哥。"

这是什么情况？明明受了委屈，却还要忍气吞声，女友所说的那个混蛋是谁呢？他对苏菲又做了什么？这还要从一个月前公司的人事变动说起。

半年前，苏菲进入公司行政部，担任实习文员。8月初，公司机构调整，新任的行政部主管曹经理走马上任。这个曹经理一见到年轻貌美的苏菲，就两眼放光。介绍握手时，他抓住苏菲的手不放，让苏菲臊得满脸通红。

更闹心的事情还在后头，这个曹经理就像牛皮糖一样黏上了苏菲，经常趁人不注意，抓抓她的手，拍拍她的肩。苏菲无法忍受，但一想到自己还处在试用期，思量再三，苏菲采取消极逃避的方式，尽量不和曹经理单独相处。然而，怕什么来什么，让她担心的事情还是发生了。

这天是周末，下班后，曹经理叫她单独留下来，一起加班准备半年工作计划。晚上10点，苏菲把整理好的材料送到曹经理的办公室。就在她把文件递向曹经理时，曹经理一把抓住了她，顺势抱住。苏菲又羞又急，赶紧挣脱他跑出办公室，身后传来的是曹经理得意的笑声。

苏菲跑出公司，失魂落魄地回到了出租屋。她无法控制自己的情绪，扑到女友的怀里号啕大哭。这才出现了案例开头的那一幕。为了实习转正，对这个曹经理忍气吞声，似乎还能理解，可是，这跟苏菲的哥哥又有什么关系呢？

苏菲出生在西部偏僻的农村，父母为了支持她和哥哥读书，四处借钱。看到苏菲成绩优异，哥哥主动放弃了上学的机会，在家帮父母种地挣钱，三个人齐心协力，供苏菲读完了大学。由于体会到家人的艰辛，苏菲暗暗发誓要努力工作，挣钱养家。

然而，理想很丰满，现实很骨感。毕业一年半，换了五六家公司，她始终没能找到满意合适的工作。屋漏偏逢连夜雨，家里又传来哥哥摔断右腿住院的消息。

就在苏菲焦急万分的时候，好消息传来，她被开发区的这家大公司录用为行政文员，条件很优越，试用期一年，转正后月薪 12000 元，年底还有丰厚的年终奖。她把这个好消息告诉了父母："等我工作转正后，就能存钱给哥哥装上假肢，重新下地走路了。"

公司管理非常规范，苏菲很喜欢自己的新工作，她加班加点，一心想给领导和同事一个好印象，争取早日转正入职。

可是，她万万没有想到的是，部门主管曹经理对自己动起了坏心思，今天竟然做出如此卑鄙下流的举动。她在冲出办公室的第一个想法就是报警。然而，她冷静一想，自己此时报警，根本没有什么证据，说出去也未必有人相信，即使处理，顶多也是批评教育。可是，这种事情一旦在公司捅出去，卷铺盖走人的恐怕不是曹经理，而是自己这个没背景没靠山的实习生。

苏菲拉住女友的手，眼泪哗哗直流，家里还等着哥哥的医疗费和假肢费用，我真的不能丢了这份工作呀！听到苏菲这样讲，女友低下了头。

可是，任由这个曹经理胡来吗？今天他敢这样，明天肯定还会干出更龌龊的事来。两个年轻女孩一筹莫展，不知道如何是好。

然而，没过多久，一个人的出现，让苏菲的境遇出现了转机。这个人是谁？他和苏菲又会有着怎样的故事呢？

这天是周一，公司早会的领导席上，坐着一名腿部有残疾的年轻人。行政主管曹经理向大家介绍："这位是新来的李副总经理，年轻有为，大家热烈欢迎。"这个李副总对曹经理的恭维并不在意，他向大家友善地点点头："我叫李东，都是同事，请多关照。"

散会后，苏菲听同事们交头接耳地议论："这个李东可来头不小，他父亲是公司的大股东，还是董事长的好朋友，这次是到公司任职锻炼。"苏菲听后并没有在意。

半个月后的一天，下班后，苏菲抱着一大堆文件经过公司车库门口，突然，一辆车子疾驶出来，苏菲赶紧躲闪，高跟鞋一歪跌倒在地，手里的资料撒落一地。车门开了，走下的竟然是副总经理李东，他赶紧开车送苏菲到医院检查，所幸只是外伤，没有大碍。

之后的一个周末，李东请苏菲在西餐厅吃饭以示歉意。当晚，年轻貌美的苏菲，在烛光下风情万种，一下子吸引了李东的目光。

几杯酒下肚，有些醉意的李东告诉苏菲，自己有先天性心脏病，8岁那年，在高处玩耍的时候，因为突发疾病晕厥跌落，造成胫骨受伤，以至于腿部留下残疾。

李东还说，他有过一次短暂失败的婚姻。前妻是医生，在自家的资助下，出国深造。没想到的是，前妻感情上背叛了自己，最终离婚。这让李东的感情遭受沉重打击。

了解到李东的伤心往事，此后的苏菲对李东多了一分关怀和问候。她的敬业工作和努力勤奋也深深吸引了李东。于是，事情在这期间悄然发生了变化。

转眼到新年元旦，一大早，苏菲收到一大捧鲜艳的玫瑰，里面还夹着一张卡片："希望你能接受这份真情。"署名李东。

收到玫瑰的苏菲一下子难住了。其实，自己对李东只是有些同情和好感，完全没有男女之间的爱情。可是，该如何告诉他自己的真实想法呢？毕竟，他是自己的顶头上司。

她征求女友的意见，女友听后眼前一亮说："这样，我有个妙计，可以治住曹经理，让他不敢再乱来。"

什么意思啊？苏菲一头雾水，女友神秘地一笑，在苏菲耳边嘀咕了一阵。苏菲听着直摇头："不行不行，这样怕不好。"

"哎，苏菲，曹经理敢欺负你，不就是因为你没背景、没靠山吗？不收拾这个混蛋，我看你怎么转正入职。"听到这儿，苏菲低下了头。女友又说："只要按我说的办，保证一举两得。"

那么，女友的妙计是什么？苏菲又会如何对付心怀不轨的曹经理呢？

苏菲听从女友的话，没有拒绝李东的真情告白，和李东保持着一种若有若无的感情关系，而且并不在公司和同事前显露。这让李东觉得欲罢不能。两人在一起时，苏菲经常又显得闷闷不乐。可问起来，苏菲总是敷衍过去，李东很是疑惑不解。

不过，这种情况没有持续太久，随后发生的事情，让李东大吃一惊，他的困惑有了答案，更进一步拉近了两人的关系。

这天是周末，李东接到苏菲的电话，说自己一个人在办公室加班，天黑害怕，让他晚上10点，准时上楼接她。

到了晚上，李东准时赶到，经过曹经理办公室时，突然，他听见屋里传来苏菲的哀求声："你不要过来，放开我。"天啊，发生了什么事情？李东赶紧一脚踢开办公室的大门，眼前的一幕让他目瞪口呆，只见曹经理抱着苏菲又搂又摸。

"你给我住手！"李东大喝一声。曹经理突然看到李东闯进来，吓得赶紧松开了手，苏菲哭着跑出了办公室。

事后，苏菲向李东哭诉了曹经理先前的所作所为："以前一直不敢告诉你，我真的好害怕。今天，幸亏是你及时赶到，谢谢你。"

此时的李东，终于明白苏菲之前闷闷不乐的原因了，他一不做二不休，找了一个理由把曹经理调离行政主管职位，发配到西部分公司去了。

就这样，苏菲彻底摆脱了曹经理的骚扰，之后又顺利办理了入职转正手续。就在她和女友欢呼喜悦的时候，麻烦却随之而来。

这天，苏菲下班前接到李东的电话："祝贺你，你现在是公司的正式员工了，晚上一起吃晚饭庆祝一下。"

当晚，李东喝了不少酒，他紧紧抱住了苏菲，正当他做出进一步的举动时，苏菲使劲推开他。李东很意外，他失落地说："你不是也喜欢我的吗？难道是我的错觉？"

"不，不是，我还没有把这事儿告诉家人，我怕，真爱来得太快，去得也太快……"苏菲说着就哭起来。李东赶紧递上纸巾，两人告别离开。

李东走后，苏菲的心乱了。现在自己成功摆脱了曹经理的骚扰，李东用情也越来越深，是时候找机会跟李东解释了。

其实，那天晚上是女友安排的计划。当曹经理要她周末单独加班时，苏菲提前打电话叫李东10点来办公室接她。当看到李东的车子开进公司车库后，她卡着点走进了曹经理的办公室。就这样，揭开了曹经理的丑恶面目，一切都天衣无缝。

对于李东，她有的只是利用和感激，却没有一点男女感情的成分，因为李东根本不是她理想中的男友。然而，李东是公司的副总经理，是她得罪不起的人物，怎么才能不伤情面地和李东说清这一切呢？

正在苏菲为此苦思冥想的时候，事情的发展开始超出她的预料，让她的人生发生了戏剧性的转折。

原来，李东被苏菲拒绝后，陷入极度的痛苦和困惑。自己明明感觉苏菲有情有义，可为什么会拒绝他的主动和亲近呢？朋友的一席话，让李东茅塞顿开："苏菲那么一个漂亮的女孩，身边一定围着很多追求者，为了避免夜长梦多，你得想办法，把生米煮成熟饭。"

一席话点醒梦中人。又是一个周末，李东开车带着苏菲到邻近城市旅游。晚餐时，他别有用心地劝苏菲喝了不少酒。很快苏菲不胜酒力，当晚，李东和苏菲住进了一个房间。更让苏菲尴尬的是，事后的李东竟然毫不遮掩，竟然在公司公开了两人的关系，甚至以未婚夫的身份自居。

这下可把苏菲给难住了，自己还没找到机会摊牌，就被李东反手抢得先机，搞得公司上下人尽皆知，自己现在是浑身长嘴也说不清楚了。那么，她能否就此接受既成事实，跟李东在一起呢？

2016年年底，李东开始装修新房，就在他计划正式向苏菲提出求婚的时候，意外发生了，苏菲突然人间蒸发了。

苏菲去了哪里？她为什么要不辞而别？李东百思不得其解，四处多方寻找，却没有任何音信和下落。

其实，苏菲的心里最清楚，她只是利用李东达到惩治曹经理和转正入职的目的，要让自己嫁给一个她不爱的人，那是万万不可能的。跟李东摊牌，最终只能是脸皮撕破。所以，不辞而别是她唯一的选择。于是，苏菲在一次南方出差时，私下和当地一家公司谈妥条件后，只身离开了这座城市。到新公司，她迅速更换了所有的联系方式，彻底消失了。

在南方新的城市里，苏菲很快遇到了情投意合的男友。男友比他小两岁，是个单纯的大男孩，苏菲隐瞒了先前的一切。过了一段时间，她辞职和男友开了一家小公司，虽说规模不大，但利润可观。有爱情的滋润，还有了属于自己的事业，她庆幸自己终于摆脱那段不堪回首的往事。

然而，幸福生活就像肥皂泡一样，并没有持续多久，随着李东再次出现，一切都开始急转直下，她的人生自此滑向无底的深渊。

这天下班后，男友和苏菲刚刚走出公司，一个人站在了苏菲的面前，竟然是李东。他对苏菲说："苏菲，我找得你好苦啊。"他上前去拉苏菲的手。男友一把推开李东，剑拔弩张之下，苏菲赶紧拉住男友迅速离开。

"那个人是谁？你给说讲清楚？"在男友的逼问下，苏菲明白无法再隐瞒，只得一五一十地坦白了自己利用李东整治曹经理的往事。

听完苏菲的讲述，男友惊呆了，他之所以选择跟苏菲在一起，是觉得她单纯而简单。没想到，她有如此深的心机和往事，根本不是自己心目中那种可以相守一生的女孩，看来一切都是谎言。他说：“我无法接受你的欺骗，我们到此为止吧。”

男友无情离去，苏菲只觉万念俱灰。就在此时，李东鬼使神差地再次出现在她面前：“你利用我收拾曹经理的事情，我已经知道了。不过，事情已经发生，父亲卧病在床，时日不多，我需要给公司和家人一个交代，只要你跟我回去结婚，之后我们好合好散。”

同时，他还拿出苏菲的裸照，威胁说：“如果你不怕这些照片被公开的话，就尽管拒绝。”

天哪，这一定是李东在先前趁她醉酒时拍下的。此时的苏菲走投无路，只能答应李东的要求。一个月后，两人举行了隆重的婚礼。

有情人终成眷属，公司和家人纷纷送上祝福。然而，让所有人震惊的是，新婚燕尔不到三个月，新郎李东就不幸身亡。一时间流言四起，让事情变得扑朔迷离。

这天一大清早，李东的家人接到苏菲的电话，说李东在家出事了。家人赶到现场，发现李东仰面躺在地上，面部扭曲，早已停止了呼吸。警方赶到现场，经法医检验，李东系突发心脏病致急性心力衰竭死亡。

心脏病突发？为什么没有及时救治？难道没有人发现？妻子苏菲到哪儿去了呢？

苏菲说：“昨晚我八点就去了朋友家喝茶，聊天到很晚，就借住在朋友家。今天早晨才回来，到家后发现李东歪倒在沙发上，脸色发青，已停止了呼吸。我很害怕，就赶紧给公婆家里打电话。”

按照苏菲的说法，李东一人在家，突发心脏病，因为无人发现，耽误救治最终导致死亡。那么，事情的真相真的是这样吗？

苏菲朋友向警方证实，当晚苏菲确实是在她家借住，但到她家的时间是十点半而不是八点。那苏菲为什么要说谎呢？八点到十点半之间，苏菲又人在何处呢？

警方调取楼道的监控发现，李东进入家门以后，苏菲晚上十点才离开家，也就是说，李东发病时，她就在家中。那么，她为什么没有发现李东突发心脏病，又为什么要出门到朋友家待了一个晚上，第二天早上才回家呢？

面对警方的证据和质疑，苏菲无法自圆其说。在巨大的精神压力下，她如实陈述了事实的真相。

苏菲说，嫁给李东，是迫不得已。更让她不能接受的是，婚后李东对自己并不好。李东告诉她，曹经理为了搞清楚真相，调取了当晚办公楼和车库的监控录像，经过对比，发现苏菲在办公室门外看到李东车子进入车库后，才推开自己办公室的门，一切都是计划和安排好的。苏菲从公司不辞而别后，曹经理向李东提交了这些证据。李东才恍然大悟，苏菲对自己根本没有丝毫真心，只有利用和欺骗。

经历过前妻背叛的李东，无法接受再次欺骗，以前他有多爱苏菲，现在就有多恨她。他四处寻找苏菲，并想方设法逼迫她嫁给自己，一方面是为了在父亲和公司面前，挽回男人的尊严和脸面，更重要的是为了发泄内心的愤恨。

因此，婚后的李东像变了一个人，整天在外面花天酒地，对苏菲不管不问。苏菲提出离婚，李东置之不理。两人两天一小吵，三天一大吵，这种牢笼般的生活，让苏菲心如死灰。

这天晚上，李东应酬结束回到家，苏菲向他提出了离婚的最后通牒。李东喝了不少酒，情绪一下子激动起来，两人发生了激烈的争吵。突然，李东捂住胸口歪倒在地，浑身抽搐，表情痛苦得说不出话来。

苏菲吓了一跳，她知道，这是李东的心脏病又犯了，她赶紧拿出电话，就在拨打“120”的那一瞬间，苏菲犹豫了。救还是不救？

如果没有李东，自己不会和男友分手，是他，一手葬送了自己的幸福，让自己处于不幸的婚姻无法逃脱。眼前的李东心脏病突发，如果他死了，自己就可以重获新生，反正是他自身犯病，不关自己的事。想到这儿，苏菲放下手机，走出了家门。临走前，她还带走了李东的手机，随后到朋友家待了一夜，直到第二天才返回家。发现李东已经死亡，这才向公婆家打了电话。

检察机关以苏菲涉嫌过失致人死亡罪提起公诉。苏菲对此完全否认，她说，李东死亡是因为自身疾病，这只是一个意外，充其量，我只是见死不救而已，怎么会是犯罪呢？那么，法律是如何认定的呢？

过失致人死亡罪，是指行为人因疏忽大意没有预见到，或者已经预见到，而轻信能够避免而造成他人死亡，剥夺他人生命权的行为。

本案案发时，是苏菲与李东婚姻合法存续期间，她了解丈夫有先天性心脏病史。双方发生争吵，诱发李东心脏病突发，作为夫妻，苏菲负有法定的互相扶助义务。

本来，苏菲有条件有能力救治，但是，她却置李东于可能发病死亡的危险状态于不顾而单独离开，还带走了李东的手机，其动机是想使李东无法得到救治而意外身亡，从而自己能从“不幸福的婚姻”中解脱出来。

法院经过审理后认为，公诉机关指控苏菲构成过失致人死亡罪，事实清楚，证据充分，鉴于其属于情节较轻的情形，判处苏菲有期徒刑一年零六个月。

律师评点>>>

欲望给我们最大的错觉在于：我们以为可以通过它来得到满足，实际上它却只给我们带来焦虑。

苏菲遭遇职场性骚扰时，没有积极寻求法律的保护，而是利用李东对自己的感情为职场开路，搞到无法收拾的地步。而李东，虽然开始被利用有些无辜，但他被仇恨蒙蔽了眼睛，不惜以婚姻为工具进行报复，最终命丧黄泉，可悲可叹。

职场性骚扰，一直是一个敏感且社会高度关注的话题。由于涉及个人隐私、名誉尊严，还关系到职业发展、前途命运，加之举证难、风险大、顾虑多等因素，很多女性受害人选择隐忍、沉默和离职，很少选择用法律武器维护自身权益。

《中华人民共和国妇女权益保障法》规定，禁止对妇女实施性骚扰。受害妇女有权向单位和有关机关投诉。还规定，违反本法规定，对妇女实施性骚扰或者家庭暴力，构成违反治安管理行为的，受害人可以提请公安机关对违法行为人依法给予行政处罚，也可以依法向人民法院提起民事诉讼。

女性受害人不要一味选择沉默、隐忍或离职，要敢于说不，及时举报，寻求帮助；要有保存证据的意识，积极举证，将相关的短信、邮件、录音等保存，坚决维权。

复活的未婚夫

关键词 合同的效力

案例故事>>>

2016年6月的一天晚上，中部某市一居民楼里，一名年轻姑娘扑在中年妇女怀里号啕大哭：“妈，陈刚他走了，可这个孩子是我们爱情的结晶，不管遇到什么困难，我都要生下来，求求你，不要再逼我拿掉孩子。”

当妈的逼着女儿拿掉肚子里的孩子，这是什么情况？姑娘所说的这个陈刚是一个什么样的人，他是如何离开人世的？年轻姑娘为什么要不顾母亲反对，执意生下这个没爹的孩子呢？这还得从这个名叫张慧的姑娘谈恋爱说起。

张慧大学毕业后，应聘在一家合资公司做行政文员，22岁的张慧容貌出众，工作单位又不错，追求她的本市小伙子挤成了堆。可是，张慧全都看不上，偏偏和一个比她大8岁的外地人好上了。

原来，张慧在一次到邻近城市出差学习中，认识了一个叫陈刚的年轻人。陈刚是当地一家电脑公司的负责人，两天的学习，成熟稳重的陈刚给张慧留下了很好的印象。

回到单位，两人通过网络保持联系，越聊越投机。陈刚告诉张慧，自己一直忙于事业，以致现在三十出头还单身一人。张慧的青春活泼，让他十分心动，他希望张慧能接受他的感情。

陈刚的表白令张慧心动，张慧自小父亲去世，是妈妈一手把她拉扯带大，对父爱的渴望，让她对像陈刚这样相对成熟的男人尤其青睐。她觉得，自己身边那些毛头小伙子都不靠谱，陈刚才是自己理想中的人生伴侣。就这样，两人确定了恋爱关系。半年后，在张慧的盛情邀请下，陈刚来到张慧家见了母亲，算是正式定下了这门亲事，两人的感情慢慢稳定下来。

意中人终于找到了，张慧感到幸福而满足。可是，有一件事却让她心底有些不安，陈刚虽然口口声声说要迎娶自己，却从来没有提过带她回家见父母，这就奇怪了。

在张慧的一再追问下，陈刚解释说，父母一直在农村乡镇，年事已高。他怕张慧会嫌弃，再说父母也习惯了简单安静的生活，不喜欢见生人。

对于陈刚的解释，张慧并不认同。俗话说，丑媳妇总要见公婆。自己不会嫌弃。再说了，我嫁给你，就是你陈刚家的媳妇，怎么能算生人呢？不见一下父母，两人爱得轰轰烈烈，万一家里不同意怎么办？

在张慧的多次催促下，2015 年年底，陈刚终于同意带张慧来到农村老家。进了门，陈刚的父母明白了张慧的来意，对她说："孩子，我儿子的婚姻大事，由他自己做主，我们老两口没有意见。听了这句话，张慧安下心来。"

接下来，陈刚一边打理手头的生意，一边腾出精力往南方发展，离多聚少不仅没冲淡两人感情，反而使张慧对陈刚的爱越发热烈。

这年春节过后，陈刚和张慧两人一起到南方度假。回到家不久，张慧惊喜地发现自己怀孕了。她把这个好消息告诉了陈刚，她幸福地计划着择期结婚登记。然而，就在张慧对未来充满期待时，意外发生了。

2016 年 5 月，远在南方的陈刚在电话中时常说自己头痛，张慧劝他赶紧去医院检查。三天后，陈刚打来电话，非常沮丧："医院检查结果出来了，说我颅内长了一个状况不明的肿瘤，头痛症状就是脑瘤压迫引起的。"

什么，男友长了脑瘤？得知消息，张慧火速赶到陈刚身边。陈刚情绪非常低落："医生说了，我这个病，很有可能导致双目失明或者身体偏瘫，这个样子，不能和你去登记结婚啊。万一有个三长两短，那岂不是害了你一辈子？"

"不要这样说。"张慧抹着眼泪，安慰男友："一定要振作起来，当前治病要紧，结婚登记这事儿，日后再议。你放心，就是你真的瞎了、瘫了，我也绝对不会离开你。"

一个月后，陈刚告诉张慧，公司在东南亚有业务，那边有家知名的脑科医院，他决定到东南亚求医问诊，可能需要一段时间。一个星期后，焦急万分的张慧接到陈刚的电话，说医院已经确诊，他患的是颅内恶性肿瘤，医生建议，立即进行术前检查，一周后进行开颅手术，或许还有一线生机。

张慧一听，当即提出要去，陪同男友共渡难关。但陈刚说，办理签证需要时间，而自己马上就要手术，劝女友还是在国内等候消息。张慧只好含泪作罢，鼓励男友要树立信心。

然而，病中的陈刚情绪越来越消极，他不时给张慧发来短信："我给了你所有的爱，却不能给你幸福，你独自一人还带小孩，我死不瞑目。我不敢想象，我要是不在了，你和孩子会是什么样子。你还是把孩子拿掉吧，重新找一个比我更好的人，而我会一个人等待生命的结束。"

看着陈刚发来的短信，张慧心如刀绞。心爱的男友身患绝症，命悬一线，还在为自己和孩子的未来着想，自己所爱的这个男人，是多么有情有义啊。

陈刚的好意，反而让张慧下定决心，自己绝不能离开，更不能放弃，她决心跟男友患难与共。她不停安慰男友："现在医疗条件这么好，一定可以治好你的病的。你放心吧，无论如何，我和孩子都会等你平安归来。"

一个星期后是陈刚正式手术的日子，上午九点，张慧收到了陈刚进入手术室前发来的一条信息："如果手术失败，你就把孩子拿掉，我会在天堂里为你祝福，找到一个比我更好的人。"

随后，陈刚电话就关机了，张慧陷入了极度的煎熬和等待。下午五点半，一个自称是陈刚同事的人，给张慧发来短信说，陈刚没能下手术台，原因是脑部大出血，引起并发症不治身亡。

什么，陈刚去世了？张慧赶紧回拨过去。陈刚的同事再次确认了陈刚手术失败的消息，他安慰张慧，一定要保重身体。同事还说，陈刚手术前交代，因为父母身体不好，万一手术失败，不办后事，不要葬礼，骨灰火化后撒入大海，请各位亲友包括张慧，务必尊重他最后的遗愿。听到这里，张慧悲痛欲绝，失声痛哭。

张慧母亲很快知道陈刚去世的噩耗，看着女儿陷入痛失男友的悲痛当中，母亲难过万分。然而，更让她担心的是，陈刚走了，女儿这婚都没有结，肚子里的孩子可怎么办呢？不行，必须赶紧拿掉，如果生下这个没爹的孩子，女儿这后半生的日子根本没法过。时间不等人，于是，张慧母亲一边安慰女儿，一边催促她赶紧拿掉孩子。

然而，面对母亲的提议，张慧毅然拒绝："妈，我知道您是为了我好，可这个孩子是我和陈刚爱情的见证，也是陈刚留在世上的唯一骨肉，如果拿掉这个孩子，那等于要了女儿的命呀。"张慧苦苦哀求母亲，这才出现了案例开头的那一幕。

女儿以死相逼，母亲害怕出事，只得点头答应。2016 年年底，张慧生下陈刚的遗腹子。看着粉嘟嘟可爱的小宝贝，张慧暗下决心，此后不再考虑婚嫁，一心一意抚养孩子长大，希望岁月静好，以此缅怀自己和男友陈刚这份短暂而珍贵的情感。

那么，生活能否像张慧想象的那样平静和简单呢？一年后发生的事情，让张慧惊得目瞪口呆，生活也由此陷入痛苦的深渊。

孩子在张慧的精心抚养下，转眼满一岁了。张慧在想，陈刚去世，他的父母一定很悲痛，如果知道陈刚还有一个孩子的话，一定会十分开心，这也算是对男友在天之灵的一个安慰。于是，2017 年年底，张慧抱着孩子，踏上了去往陈刚父母家的路途。

一路上，张慧的心里充满纠结和不安，自己和陈刚并没有登记结婚，她将以什么样的身份面对陈刚的父母呢？对于这个从天而降的小孙子，陈刚父母一定会喜笑颜开吧？然而，她万万没有想到，生活却和她开了一个大大的玩笑。

凭着记忆，张慧一路找到陈刚当年带她到过的老房子。奇怪的是，敲了半天门，可始终没人开门。怎么回事？难道陈刚父母也出了事情，或者已经搬走啦？

抱着孩子的张慧敲开了邻居家的门，打听陈刚去世后，他父母的下落。然而，邻居奇怪地看着她说，这是陈刚父母家，可是他的父母五年前就已经去世了。什么？陈刚父母五年前都过世了，那自己之前见到的陈刚父母，究竟是什么人？邻居会不会搞错了。

张慧拿出手机上陈刚的照片，请邻居辨认陈刚的照片，得到了肯定的回答。邻居接下来的话让张慧更加震惊，半年前，陈刚和妻子一起回来，把房子卖了，此后，他就没再回来过。

陈刚有妻子？半年前还回来过，这怎么可能？邻居的话是真是假？一切变得扑朔迷离，让张慧没有了头绪。

在返回家的路上，张慧心乱如麻。她静下心来梳理了自己认识陈刚以后所经历的一切，她惊愕地发现，其实，自己对陈刚的真实情况完全不了解。他的身世、他的家庭、他的父母情况，全出自于陈刚本人的陈述，而自己从来就没有真正去核实过。

至于男友陈刚这个人，从发病到治病，再到去世，短短不过三个月，一个好端端的男人就这样生不见人，死不见尸，现在看来，也是十分蹊跷。联系到邻居所说的话，张慧觉得，陈刚也许没有死，如果是这样，那自己似乎掉进了一个精心设计的圈套。那这个设计圈套的人是谁呢？如果是陈刚，他为什么这样对待自己呢？如果不是陈刚，那又会是谁呢？

带着这样的疑问，张慧开始搜寻陈刚的下落，陈刚和同事的电话都已停机或销号，无法联系。她赶到陈刚的电脑专卖店，被告知店铺在一年前已经转让。而陈刚在南方的公司，她根本就不知道任何信息。无奈之下，张慧选择了向警方求助。

警方对这起蹊跷的案件展开了调查，半个月后，调查结果出来了。警察告诉张慧，这个陈刚根本就没有死，我们在南方某市已经找到了他。他不仅活得好好的，还有妻子和儿女。所谓的脑癌、手术、死亡，都是陈刚自编自导自演的闹剧。什么，陈刚没有死？警察的话让张慧目瞪口呆。

原来，陈刚出生于农村，认识了城里的妻子后，成了倒插门女婿，借助妻子家的人脉资源，电脑生意做得风生水起。婚后第五年，妻子生下第二个孩子后就辞了工作，在家专心相夫教子。柴米油盐的平淡生活，让陈刚觉得生活越来越乏味。而妻子强势的性格，又让陈刚特别渴望得到女性的温柔相待。

就在这个时候，年轻漂亮又温柔如水的张慧出现了，陈刚觉得人生重新注入了活力，他不禁心潮涌动，动起了离婚再娶的念头。

然而，他知道，张慧心高气傲，如果知道自己还有家室，肯定不会和自己在一起。所以他向张慧谎称自己单身未婚，想先解决了和妻子的问题后，再行告知张慧也不迟。

然而，陈刚的离婚计划实施得并不顺利。因为，如果离开妻子娘家人的支持和帮助，自己会迅速回到先前一穷二白的境地。可是，他又舍不得离开年轻貌美的张慧，谎言已经开始，就不得不继续。所以当张慧提出见其家人时，无可奈何的陈刚花钱请了两个老人来家里冒充父母，才勉强过关。

然而，更让他始料不及的是，两人一起去南方旅行后，张慧意外怀孕了，而离婚这事儿越来越没有希望。因为，经过娘家人的劝和，妻子先前蛮横不讲理的性格也有很大改变，无论如何，自己都没有离婚的理由了。

就这样，陈刚陷入了两难的境地。告诉张慧真相，让她拿掉孩子，张慧及其家人肯定饶不过自己。可是，如果继续隐瞒下去，孩子一旦出生，自己将面临两个女人、两个家庭的困境。婚外生子这事早晚都得暴露，那个时候，后果更是不堪设想，这可怎么办才好呢？

陈刚为此吃不下饭、睡不着觉，他将自己的窘境告诉给一个发小兄弟。于是，这个兄弟就给陈刚出了诈病的招数，希望可以吓走张慧，拿掉孩子。没想到，张慧根本不为所动，表示一定要和陈刚生死与共。万般无奈之下，陈刚只好和朋友一起联合上演了诈死的戏码。

陈刚认为，张慧一旦知道自己死了，肯定会拿掉孩子，重新开始新的感情。所以他在诈死之后，就换掉了所有的联络方式，将电脑专卖店转移到了南方，卖掉了老家父母的房屋，彻底从张慧的世界里消失了。

陈刚本以为事情到此结束，自己和张慧此后余生都不会再有任何联系。然而，真相最终还是暴露了。更让他没有想到的是，张慧还生下了自己的孩子。

面对张慧的疯狂和愤怒，陈刚惊慌失措："全是我的错，是我骗了你，我对不起你，我知道错了，请你原谅我。"

"不可能，陈刚，你骗得我好惨啊！我要到派出所告你，让你牢底坐穿。"张慧几乎歇斯底里。

陈刚扑通一声跪倒在张慧面前："求求你不要报警，如果我坐了牢，孩子就真的没了爹啊，这个孩子我认，我愿意出全部的抚养费，只要你能原谅我。"

看着跪在自己面前痛哭流涕的陈刚，张慧万箭穿心。她憎恨这个感情骗子，然而，他毕竟是自己孩子的亲生父亲，既然事情已经发生无可挽回，陈刚也主动认了这个孩子，那自己只有面对现实。毕竟靠自己，无法给孩子更好的生活和教育。

想到这儿，张慧说服了自己。就这样，张慧与陈刚签下了一纸《抚养协议》。双方约定，陈刚确认孩子是双方亲生，张慧对此予以保密，孩子由张慧独自抚养。陈刚每月支付抚养费2万元，如果违反，陈刚自愿一次性支付抚养费500万元。

就这样，张慧从南方回到家中。她向所有人，包括自己母亲在内，隐瞒了陈刚还活着的秘密。她希望用平静的生活去治愈自己的伤痛，不管怎样，孩子都是无辜的，都不应该受到伤害。至于陈刚，抚养孩子是他的分内之事，除此之外，她不愿和陈刚发生任何联系。然而，她的希望再次落空，不到半年，情况再次发生变化。

一开始，陈刚每月按照协议支付了2万元的抚养费，可是，到了第三个月，抚养费就变成了1万元。联系陈刚，他推说公司资金紧张。第四个月又变成了5000元。到了第6个月，干脆就一分没有了。张慧多次催促，陈刚的电话就干脆关机，失去了联系。

张慧悲愤交加，她一纸诉状将陈刚告上法庭。她在诉状中说，陈刚没有每月支付孩子抚养费2万元，所以陈刚要按照合同约定，一次性支付抚养费500万元。

终于等到开庭的那天，意想不到的事情发生了。陈刚向法庭提交了一本离婚证和离婚协议，说我不是不支付抚养费，而是我妻子知道这件事后，已经和我办理离婚登记。由于我是过错方，只得净身出户，现在我已没有能力支付抚养费。

什么，陈刚离婚了，竟然还净身出户？这让张慧匪夷所思，早不早，晚不晚，偏偏在开庭前净身出户。张慧向法庭提出，这是彻头彻尾的假离婚，是陈刚为了规避支付高额抚养费。陈刚辩解，我们不是假离婚，是办理了正式的离婚手续，这是我的离婚证，千真万确。另外，陈刚还提出，双方签订的抚养费协议额度太高，是无效协议，自己没有能力也不需要依照合同约定支付这500万元抚养费。

那么问题来了，本案中，如何认定张慧和陈刚签订的《抚养协议》的效力，则成为张慧的诉讼请求能否得到法院支持的关键。法院将如何认定呢？

我国合同法规定，合同依法成立，便具有法律效力。无效合同是相对于有效合同而言的，是指合同虽然成立，但因其违反法律、行政法规、社会公共利益，被确认为无效。无效合同是已经成立的合同，但不具有法律约束力的合同，不受法律保护。

本案中，虽然双方签订的《抚养协议》约定了抚养费数额，由于陈刚有配偶，他处分夫妻共同财产的行为，应取得妻子的同意，所以陈刚单方面承诺将其夫妻共同财产给予张慧，侵害了其妻子的利益，双方签订的《抚养协议》违反法律相关规定，应属无效。

但是，尽管协议无效，但父母对非婚生子女具有法定的抚养教育义务。也就是说，陈刚作为孩子的父亲，应当承担必要的抚养费。而子女抚养费的数额，可根据子女的实际需要、父母双方的负担能力和当地的实际生活水平确定。

法院向张慧和陈刚进行法律释明，双方签订的《抚养协议》明确约定了500万元的抚养费数额，协议约定侵犯了陈刚妻子的财产权利，且该数额明显高于孩子的实际生活需要，孩子的抚养费数额，应当根据实际生活需要，以及陈刚的经济收入综合确定。

最终，双方在法院的主持下达成了《调解协议》，陈刚每月支付张慧抚养费5000元，至孩子独立生活之日止。

案件结束后，令人啼笑皆非的事情发生了，陈刚向妻子请求复婚："我们说好了，判决一结束，我们就复婚。"不料，陈刚妻子一口回绝："我现在想清楚了，可以用生死说谎的男人，不配和我在一起，你好自为之吧。"

这下陈刚可傻了，偷鸡不成反蚀一把米。他又转而找到张慧，提出结婚的想法："我现在自由了，我可以给你和孩子一个完整的家。"

张慧鄙夷地望着陈刚，摇摇头，坚定地说："不，我不认识你，我心中的那个陈刚已经死去，我的孩子，我会带好，和你无关，请你以后不要再来打扰。"

经历了风雨和坎坷，张慧身心疲惫，但是心智却比以往更加成熟，她带着孩子离开了这座城市，回到母亲老家。她相信通过自己的努力，能够给孩子一个没有欺骗和谎言的生活。

律师评点>>>

欲望像一个四处巡游的狩猎者，但实际上它是一个自设的陷阱，掉进陷阱的也是他自己。

陈刚不满足平淡的家庭生活，为寻求生活的刺激，用谎言欺骗真情，甚至不惜用诈死和离婚来逃避责任，最终落得了人财两空、千人所指的下场。教训是极其深刻的，珍惜家庭，诚信为本，这才是男人最大的财富和安身立命之本。

案例的法律点引申社会热点话题，婚内赠与第三者的财产能否要回?

在婚姻关系存续期间，夫妻双方对共同财产不分份额地共同享有所有权，夫或妻非因日常生活需要，处分夫妻共同财产时，应当协商一致，任何一方无权单独擅自处分夫妻共同财产。如果夫妻一方超出日常生活需要，擅自将共同财产赠与他人，这种赠与行为应认定为无效；夫妻中的另一方有权以侵犯共有财产权为由请求返还，第三者接受钱财的行为无合法依据，应当全部返还。

姐妹易嫁

关键词 挪用资金罪

案例故事>>>

2015年中秋节的晚上，幸福小区3号楼阿美的家里冷冷清清，没有一点过节的气氛。阿美含着泪水，指着表妹林小芳，对抽着闷烟的丈夫大勇大声嚷道："你要是觉得林小芳好，你俩一起过日子得了。"说罢摔门而去。

姐姐怎么会对自己的表妹醋意大发？三个人之间发生了什么？事情的发生，要从姐妹俩的关系说起。

阿美和林小芳是表姐妹，都是父母的独生女，从小在一个院子长大，关系比亲姐妹还要好。转眼两人长大到了谈婚论嫁的年纪，表姐阿美经人介绍，认识了企业职员大勇。表妹林小芳在一家公司做出纳，和中学老师小强处上了对象。两对小夫妻先后登记结了婚，又同住在一个小区里，平常谁家有事儿，都会找对方来帮忙。

表姐阿美婚后相夫教子，一心一意地经营着小家庭。而丈夫大勇，大学读的是美术学院，典型的文艺青年，毕业后在大城市漂了几年，也没混出个名堂。家里就他一个独生子，拗不过父母哀求，大勇才回到家乡结婚成家。可以说，他和阿美这桩婚事是比较勉强的，也为夫妻日后的矛盾埋下了伏笔。

小城市的生活让大勇很不适应，他没有熄灭心中艺术的火苗，忙碌着搞摄影、搞绘画、搞创作。作为妻子，阿美全力支持丈夫的爱好，单反相机买了，美术工作室也开了，钱"哗哗"流出去不少，大勇的艺术梦依然遥远。

渐渐地，阿美有了想法，在工厂的她，每天上班和机器打交道，下班想的是老公孩子，图的就是本分安稳的日子。大勇搞的所谓艺术，在她看来，完全不能当饭吃。因为这些事，夫妻俩没少吵过架、拌过嘴。矛盾就这样一天天积攒下来。

这天，学校开学报名，阿美打开抽屉，想要拿出提前准备好的钱给孩子交学费。抽屉一打开，阿美傻眼了，钱居然不见了。不对呀，自己明明是放在这里的啊，难道家里进来了小偷？但家里没有发现任何异常情况啊。

钱会不会是被丈夫大勇拿去了呢？阿美拨通了丈夫的电话。“哦，你说抽屉里的钱呀，我办画展急着用钱，忘记跟你说了。”说完，大勇就挂断了电话。

什么？拿孩子的学费去办画展？阿美气不打一处来。孩子的学费，都是自己省吃俭用存下来的。大勇可倒好，招呼都不打一声，真是太过分了，阿美是越想越生气，她打定主意，不能再任凭他这样胡闹下去了。

晚上，对着刚进家门的大勇，阿美劈头盖脸地一顿发火。看着气势汹汹的阿美，大勇觉得不可理喻：“怎么啦，画展急着用点钱，我又不是拿去吃喝嫖赌，犯得着生这么大的气吗？”

就这样，夫妻俩你不让我，我不饶你，吵得不可开交。阿美觉得委屈极了，拨通了表妹林小芳的电话，要她过来主持公道。

接到电话的表妹林小芳并不意外，为了表姐家的矛盾，她没少操过心。可是，对这个表姐夫大勇，她却有着不同的看法。她觉得，大勇很有艺术天分，也很勤奋，虽然工作不如意，但比那些成天混日子的人强多了，她甚至对大勇有种崇拜感。

而姐夫大勇，对这个漂亮而且理解自己的小姨子也颇有好感，所以，一直对林小芳很客气，对林小芳的意见往往能听得进去。当他们两口子发生矛盾的时候，姐姐阿美就总叫表妹来评评理。然而，让阿美没有想到的是，表妹这一次的帮忙，惹出了一场不小的麻烦。

来到阿美家，林小芳帮表姐抹去泪水劝道：“姐夫做得是不对，不过他也是好心，还不是想通过努力，让家里过上好日子。来，姐夫，跟我姐赔个不是！”

“好好好，今天这事儿算我不对。不过你看看，人家林小芳多通情达理，哪里像你。”本来是大勇一句要面子的话，在妻子阿美听来，这分明是指责自己蛮横不讲道理。她无法忍受丈夫当着别人贬低自己，想想以前大勇也没少在自己面前夸奖林小芳。阿美心生醋意，摔门而去，回了娘家。才出现了案例开头讲述的那一幕。

阿美走了，林小芳好生尴尬。姐夫大勇拿出一份合同，委屈地告诉林小芳，自己正在和北京一家艺术公司谈画展合作，如果能解决资金缺口，自己的作品就能成功推向市场，产生效益。唉，可你姐根本不能理解这些，她要是有你一半善解人意就好啦！说着，两人对视之间，林小芳看到姐夫大勇的眼神中，流露出一丝热切的感觉，不禁怦然心动。

回到家已是深夜，林小芳失眠了。她觉得姐夫大勇是个有本事、能成功的人，而一个成功的男人背后，一定要有一个理解支持他的女人。表姐阿美却是身在福中不知福。想想自己，摊上个性格木讷的丈夫小强，完全没有生活情趣，人生苦，苦在有缘无分。她决定，要帮助姐夫大勇渡过难关。

第二天，林小芳悄悄取了自己的私房钱3万元，送到了姐夫大勇手里。这让大勇感动极了：“谢谢小芳，你真是我的红颜知己啊。我会很快还给你的。”林小芳没有说什么，这以后总是抽空到工作室帮忙，来来往往多了，两人开始有了一种说不清道不明的默契。

再说阿美，在娘家住了几天后，终于等到来接她回家的大勇。阿美余怒不消，她提出，回去可以，但你得保证，不把家里的钱再投进画展里。林小芳的3万元已经解了燃眉之急，大勇满口答应，一场风波就此平息。

画展的资金问题解决了，妻子又给了自己机会，大勇没日没夜地忙碌。看到经常出入工作室的表妹林小芳，阿美的心里别提多别扭了，作为妻子，她希望丈夫能够梦想成真。可是，丈夫为办画展，和表妹林小芳打得火热，和自己这个妻子的关系，反倒越来越疏远，她心里难免有些想法。可是转念一想，又觉得担心有些多余，林小芳和自己一起长大，又是表姐妹，兔子都不吃窝边草，这做姐夫的，应该不会对自己的表妹有啥非分之想吧。

可是，阿美的担心真的是多余的吗？事情的发展，开始远远超出了阿美的预料。

不久后，喜讯从北京传来，大勇几幅作品在画展上以6万元的价格拍出。大勇以归还林小芳借款为由，在一家有格调的西餐厅订了包房宴请林小芳。席间两人喝了很多红酒，有些醉意的大勇突然拉住了林小芳的手，也许是酒精的作用，或许是情不自禁，就在这一晚，两人的情感突破了道德的底线！

事后的林小芳，既陶醉沉迷，又纠结不安，她小心翼翼地隐藏着和姐夫大勇之间这不可告人的秘密，不敢让丈夫小强和表姐阿美知道。然而世上没有不透风的墙，丈夫小强还是隐约听到了些风言风语，他规劝妻子，跟大勇保持距离，注意些影响。但林小芳坚决否认。小强因为手上没有抓到把柄，又碍于表姐阿美的面子，也就不好再说什么。然而，小强哪里料到，一场劫难就此向两个家庭逼近。

一天晚上，大勇和林小芳缠绵过后，大勇说，自己和北京朋友的公司，准备在上海投标一个展会项目，目前万事俱备，只欠投标保证金。大勇问林小芳是否有办法周转30万元，并说这回要是成功了，那咱以后可是荣华富贵，享用不尽！

大勇的描述让小芳激动不已，她打心底认为，大勇是个不轻易开口的大丈夫，既然开了口，就是把她当作自己人，这样的信任，是正沉醉在温柔乡里的林小芳不想辜负的。可是，这回大勇要的不是3万元，而是30万元，自己一个公司小职员，哪里有那么多的积蓄？小芳感到为难。

大勇提议，你是公司的出纳，能不能周转一下公司的资金，咱们借出来，就用几天，很快就还。公司的钱？那怎么行，让人知道了可不好！小芳不同意。

大勇拿出了厚厚的投标文件说："30万元只是保证金，中标后就退还，没有任何风险，你不说，谁知道呢。再说了，这可是千载难逢的赚钱机会，小芳，你就帮帮我吧！"

拗不过大勇的苦苦哀求，林小芳想了想，前天一个外地客户打过来一笔陈年欠款30万元，公司还不知道，也还没有上账，这个账户的银行卡和存折，平时都由自己保管，只要及时归还，应该是神不知鬼不觉，不会有人发现。第2天，心存侥幸的林小芳就悄悄地取出这30万元，随后转进了大勇提供的北京朋友公司的账户。

开标的日子很快就到来了，踌躇满志的大勇踏上了北上的列车。大勇交代前来送行的妻子阿美，中标成功了，我在北京等你，咱们一家人到首都去开开眼界。列车呼啸而去，大勇能够如愿以偿吗？

意外接踵而至，2天后，大勇的手机突然变得无人接听。阿美以为他忙于画展没有听到。可到了第3天，手机竟然关机了。大勇怎么了？难道他在北京出了什么事情？

就在阿美心里七上八下的时候，小强意外地找上门来，他告诉阿美，林小芳昨晚没回家，电话也打不通。他想到问问表姐阿美，知不知道林小芳去哪儿了？

什么，林小芳人也不见了？大勇和她两人相继失踪，是巧合，还是隐藏了不可告人的秘密呢？

到处找人找不见，家人选择了报警。警方迅速联系北京警方，调查大勇北京朋友公司的情况。调查结果让阿美大吃一惊，警察说，大勇那个北京朋友由于赌博，债台高筑，为了偿还高利贷，他伪造了一个展会项目的招标文件，骗取了包括大勇在内的十几个人的保证金400多万元。毕竟纸包不住火，开标的日子自然真相大白，而这位朋友早已将钱财挥霍一空，逃之夭夭。

警方的调查让大勇的失踪有了线索，可能是因为他觉得，上当受骗，血本无归，无颜面对家人。而林小芳的失踪却没有合理的解释，她和被骗的大勇之间，又有什么样的秘密呢？

这真相就隐藏在林小芳的化妆盒里，小强发现妻子留下了一张字条：小强，我和大勇走了，不要找我，对不起！

妻子林小芳和姐夫大勇走了？小强先前的怀疑，最终在这张字条上得到印证。姐夫大勇投资失败，小姨子林小芳竟然为了私情，抛家弃子，毅然

“私奔”出走。一时间，桃色新闻迅速传遍了整个小区。表姐阿美和妹夫小强走在外头，感觉背后尽是邻居的指指点点和窃窃私语，两人倍感压力。

可是，他们没有想到，麻烦和混乱还仅仅是个开始。一个月后，警方再次找到小强，带来的消息更让他目瞪口呆：妻子所在的公司向警方报案，会计林小芳挪用公司巨额资金，至今未能归还，警方已经立案侦查。

什么？挪用资金？小强不敢相信，本分的妻子，怎么会如此胆大妄为？通过查明资金流向，警方发现，大勇有伙同林小芳挪用公款的嫌疑。

对此，警方的分析是这样的：大勇因投标北京展会项目缺少资金，怂恿林小芳挪用公司资金 30 万元。结果大勇被骗，林小芳无力偿还公司巨款，两人害怕事情败露，迫不得已双双潜逃。

随着真相的明晰，阿美和小强两个家庭从疑问和慌乱中，逐渐恢复了平静。警方在继续查找大勇和林小芳的下落，警察交代阿美和小强，如果有了他们两人的消息，要立即向公安机关报告。

然而，此时的小强，已经没有任何心情去关心林小芳的下落。因为，让他揪心的事情发生了，12 岁的女儿遇上了麻烦。

小强的女儿正值青春期，母亲林小芳的突然离去和流言蜚语，让这个刚刚懂事的女孩儿变得沉默寡言，甚至有些孤僻。医生诊断孩子得了中度忧郁症，药物治疗只是一个方面，家人的心理陪护才是最重要的。

看着花骨朵般的孩子一天天枯萎，小强心如刀绞。父亲毕竟是男人，无法像母亲一样，走入女儿的内心。可是，母亲现在不知去向。更重要的是，像林小芳这样背信弃义、道德败坏的人，根本不配为人妻、为人母。可是，找谁可以陪护、疏导自己陷入抑郁的女儿呢？

突然，小强想到了一个人，那就是阿美。阿美是看着自己女儿长大的，平日里除了母亲林小芳，最亲近的人就是小姨阿美了。可是，家里出了事以后，两家就不再来往，阿美能够接受小强的请求吗？

让小强感动的是，表姐阿美痛快地答应了小强：这些日子我也想开了，事情已经发生，孩子是无辜的，毕竟她是我的外甥女儿。以后你女儿就住在我家，两个孩子我一起带，对她的病情恢复会有好处。

阿美的善良，以及不计前嫌的大度，让小强深受感动。此后，阿美照料着小强女儿的饮食起居，关注着孩子的心态变化。一个月过去了，小强发现，女儿的病情有了明显的好转，这让他如释重负，他主动承担起阿美家的重活、脏活和累活。这样相互照应中，阿美的善良贤惠让小强心中暗自喜欢，阿美也很欣赏小强的本分忠厚。阿美和小强越走越近，不免日久生情。可是，一想到伤心往事，两人又心有余悸。

阿美的照料无微不至，半年后，小强的女儿重新恢复了青春的活力。终于，小强鼓足勇气，向阿美表露了心声："谢谢你，阿美，看我们现在这个样子，不如两家合成一家过，相互有个照应。"

窗户纸捅破了，阿美很开心，可是她有些顾虑，大勇和林小芳的事情，闹得两家人颜面尽失。她担心，如果两人好上了，亲戚朋友会不会反对？小强觉得有道理，于是两人约定，先分别征求各自家人的意见。他们的结合，能够得到亲朋好友的认可吗？

不出所料，有人提出反对，小姨子跟姐夫跑了，这表姐又要和妹夫好上了，这成何体统嘛？可也有人赞同，大勇和林小芳私奔过错在先，背负案底快一年了没有音信。阿美和小强都还年轻，总是要另娶他嫁的，自家人总比外人强。

一时间，公说公有理，婆说婆有理。最终，家里的长辈发了话，婚姻自由我们管不了，可这关系到咱家两个孩子找后妈和继父的大事，既然小强和阿美是你情我愿，相互对孩子又跟亲生的一样，那他们的结合也合情合理，我们没有理由反对。

同时，长辈也提出，两人得有个正式名分，不能这样不明不白地在一起。然而，大勇和林小芳下落不明快一年了，两家都没有离婚，从法律上讲，阿美和小强是不能办理结婚登记的。

于是他俩来到律师事务所。律师提出了解决办法，你们可以分别向人民法院提出申请，宣告大勇和林小芳失踪，再到法院起诉要求判决离婚，然后双方再行结婚。

虽然程序复杂，也需要时间，但这毕竟是从根本上解决问题的唯一办法。于是，小强和阿美分别向人民法院提交了宣告大勇和林小芳失踪的申请。

3个月公告期满后，人民法院依法作出了宣告大勇和林小芳失踪的判决。随后，两人又向人民法院提起离婚诉讼。律师告诉他们，对被宣告失踪人提起的离婚诉讼，法院一般会准予离婚。所以，两人的正式结合只是个时间问题。

就在两人满心期待的时候，令所有人意想不到的事情发生了。小强和阿美没能等到人民法院的离婚判决，等到的却是大勇、林小芳归来的消息。

他们还活着？两人藏在哪儿了？两年前真相到底是什么？一切问题的答案，随着大勇和林小芳的归来，就此揭晓。

两年前，大勇满怀希望来到北京，让他目瞪口呆的是，朋友的公司一个月前还红红火火，此时已是人去楼空。再一打听，朋友因涉嫌以项目投标名义行诈骗之实，已经逃往外地。

大勇这才明白自己上当了。而他的被骗对于林小芳来讲，无疑是晴天霹雳，30万元的公款说好几天就能归还，现在看来已经不可能，挪用公款的事情，公司很快就会发现，林小芳害怕极了。大勇提议，这事我俩谁都脱不了干系，与其坐以待毙，不如出来躲一阵子，找到朋友要回那30万元，或者挣到钱，再归还公司，也许是收拾乱局最好的选择。

作为出纳，林小芳深知挪用公款后果的严重性，而此时的她已是六神无主，在外边挣到钱还给公司，也许还有个活路，还不上钱就是牢底坐穿，她只能同意大勇的建议。随后，双方各自潜逃到约定的西北小县，关闭了所有的联系方式，断绝了与所有亲戚朋友的来往，彻底消失了。

两年来，大勇和林小芳隐姓埋名，过着东躲西藏的生活。虽然拼命地找事儿做，可因为怕被警察发现，他俩只能从事那些搬运、清扫、建筑等体力工作，所谓的艺术梦想和感情追求已荡然无存。

林小芳想起丈夫小强憨厚实在的种种好处，大勇也怀念妻子阿美的贤惠善良。惶惶不可终日的生活，让他们觉得小城市的安逸是多么可贵，再加上想念孩子，他们动过回家的念头。两年来异乡漂泊的困窘，让他们看不到任何的希望，不如坦然接受法律的处罚吧。于是，两人走进派出所，主动投案自首。

检察机关以大勇和林小芳涉嫌挪用资金罪，向人民法院提起了公诉。法庭上，大勇说：“挪用30万元，是林小芳干的，自己并不是公司员工，也没有挪用公款，我不构成犯罪。”那么，法律如何认定他们的行为呢？

我国刑法第272条规定，公司、企业或者其他单位的工作人员，利用职务上的便利，挪用本单位资金归个人使用或者借贷给他人，挪用本单位资金数额巨大的，处三年以上十年以下有期徒刑。

人民法院经过审理后认为，林小芳利用自己公司出纳的职务便利，挪用本单位资金30万元供他人使用，数额巨大，其行为构成挪用资金罪。另外根据《中华人民共和国刑法》关于共同犯罪的规定，大勇虽然不是公司的工作人员，但作为挪用资金的共犯，同样构成挪用资金罪。鉴于两人具有主动投案自首情节，依法应当减轻处罚，遂判决两人有期徒刑4年。

家还是那个家，人还是那个人，可是身份却无法回到从前。对于大勇和林小芳，阿美和小强异口同声地表示：婚姻重组后发现，现在的另一半才是最适合自己的，我们会共同照顾两个孩子长大成人。

最终，经过监狱管教干部耐心细致的工作，阿美办理了与大勇的离婚手续，林小芳也同意解除与小强的婚姻关系。之后，阿美和小强办理了结婚登记，正式成为一家人。

律师评点>>>

罗曼·罗兰说过，男子只要有人奉承，使他的骄傲与欲望获得满足，就极容易上当，而富于幻想的艺术家更容易受骗。

案例中的姐夫大勇就是这样，首先和林小芳突破婚姻道德的底线，然后鬼迷心窍地陷入所谓朋友的圈套，不惜铤而走险，最终一步步坠入万劫不复的罪恶深渊。

反观妹妹林小芳，不满足生活的平淡，追求婚外情的新奇和刺激，为讨情人欢心，背离财务人员的基本准则，暗地挪用公司资金，落得个锒铛入狱的下场。

法槌重重落下，大勇和林小芳泪流满面。婚姻不是儿戏，人生不能重来，酿下的苦酒只能自己品尝。

遵纪守法，崇尚道德，才是家庭和睦、社会和谐之道。

后记

《法律讲堂》是一档深受全国观众喜爱的品牌普法栏目，从主讲人录制播出的节目中，精选出一批典型性强、收视率高、社会反响好的节目，以案例解析的形式集结成册，这种线上线下互动的创新，是对我们主讲人公益普法最大的褒奖和鼓励，于我个人的职业和梦想而言，有种特别的意义。

1996 年，怀着对播音主持事业的热爱，我成为一名媒体人，10 年的新闻行业从业经历，开启了我对社会广度的了解。

2005 年，在法治时代和梦想的感召下，我成为一名法律人，17 年的律师执业历程，提升了我对社会深度的认知。

2013 年，通过层层严格选拔，我从武当山下、汉水江畔，走进央视社会与法频道《法律讲堂》，为全国观众讲述法治故事，其间收获满满。在这里，我结识了众多优秀的律师同仁，他们的风采、睿智和情怀，让我重新找回法律人的初心，点燃走专业化和团队化道路的梦想。

2016 年，我与合伙人创办了鄂西北第一家公司制、一体化管理的律师事务所，打造“郧和律师”的团队品牌，以“日拱一卒，功不唐捐”之精神，努力实现“成为一家受人尊敬的律师事务所”的愿景。

感谢《法律讲堂》苏大为、郝燕飞、杨晖、刘念等诸多在幕后默默支付的栏目领导和老师，在这个国家级平台上，我幸运地实现了媒体与法律职业梦想的结合，既开拓了眼界，又升级了思维，更直接影响我由执业律师向律所管理者的职业嬗变。

感谢人生每阶段的老师、感谢司法行政的领导、感谢律师前辈和同仁、感谢执业经历中的每一位客户，我深深知晓，一名律师的成长，离不开良师益友的培养、支持、帮助和托付。

感谢中国民主法制出版社董理老师的辛勤付出，特别是在《民法典》颁布后，在他的指导下，我们再次梳理了本书案例所涉及的法律条文，与《民法典》新的规定进行比对，确认《民法典》的实施对本书内容的时效性没有影响，各位读者能从中获得有效和实用的法律知识。

要致谢的人太多，短短的后记实在无法道尽，特以此书，感谢一路走来的岁月，感恩每一次的温暖遇见，更致敬这个伟大的时代。

刘　畅

2021 年 1 月 1 日